Editorial

Liebe Leserinnen und Leser,

endlich ist der Frühling in Sicht, werden Sie sagen, und die aufblühende Natur löst vielleicht auch in Ihnen eine Aufbruchsstimmung aus. Leider ist dem momentan nicht so bei den Redakteurinnen von SOMMERGRAS, die fürchten, dass unsere DHG-Zeitschrift bald auf Sparflamme kochen wird. Liebe Mitgliederinnen und Mitglieder, wir appellieren an Ihre zuverlässige Mithilfe bei der Redaktionsarbeit. Wir brauchen jemanden, der die Haiku- und Tanka-Internet-Kollektion betreut. Ebenso suchen wir tatkräftige Hilfe für unsere Aufrufaktion zum Weiterdichten: Die Eingänge müssen entgegengenommen und für die Bewertung aufbereitet werden. Nur zu zweit können wir die Vielfalt im SOMMERGRAS auf Dauer nicht weiter aufrechterhalten und müssten aufgrund dessen demnächst reduzieren – was wir mehr als bedauern würden, da gerade auch der Aufruf zum Weiterdichten sich als willkommene Erweiterung etabliert hat.

Natürlich freuen wir uns über die zahlreichen Eingänge von Haiga, Haibun, Tan-Rengay, Rengay und anderen Kettendichtungen sowie Essays und Berichten, die immer zahlreich und mit sehr unterschiedlichen Inhalten bei uns eingehen (ein herzliches Dankeschön dafür!), aber um ausgewogen beurteilen und entscheiden zu können, was in SOMMERGRAS gedruckt wird, ohne an die Grenzen unserer Kräfte zu gelangen, braucht es mehr als zwei feste Redakteure! An dieser Stelle sei einmal herzlich jenen gedankt, die sich an der Juryarbeit für die Haiku und Tanka-Auswahl beteiligen, ein Herzstück von SOMMERGRAS, um das wir uns keine Sorgen zu machen brauchen.

Wir wünschen Ihnen schöne Frühlingstage, in denen Sie viele Haiku-Momente entdecken können!

Ihre Redakteurinnen
Claudia Brefeld und Eleonore Nickolay

Inhalt

Deutsche Haiku-Gesellschaft e.V.

Die Deutsche Haiku-Gesellschaft e.V.[1] unterstützt die Förderung und Verbreitung deutschsprachiger Lyrik in traditionellen japanischen Gattungen (Haiku, Tanka, Haibun, Haiga und Kettendichtungen) sowie die Vermittlung japanischer Kultur. Sie organisiert den Kontakt der deutschsprachigen Haiku-Dichter/ innen untereinander und pflegt Beziehungen zu entsprechenden Gesellschaften in anderen Ländern. Der Vorstand unterstützt mehrere Arbeits- und Freundeskreise in Deutschland sowie Österreich, die wiederum Mitglieder verschiedener Regionen betreuen und weiterbilden.

[1]Mitglied der Federation of International Poetry Associations (assoziiertes Mitglied der UNESCO), der Haiku International Association, Tôkyô, der Gesellschaft für zeitgenössische Lyrik e.V., Leipzig, Ehrenmitglied der Haiku Society of America, New York.

Anschrift Deutsche Haiku-Gesellschaft e.V., z. Hd. Stefan Wolfschütz, Postfach 202548, 20218 Hamburg

Vorstand:

Info/DHG-Kontakt und Redaktion Claudia Brefeld, Auf dem Backenberg 17, 44801 Bochum, Tel.: 0234/70 78 99, E-Mail: claudia.brefeld@dhg-vorstand.de

Redaktion Eleonore Nickolay, 78, Avenue du Général Leclerc, F-77360 Vaires sur Marne, Tel.: 0033/160202350, E-Mail: eleonore.nickolay@dhg-vorstand.de

Kassenwartin Petra Klingl, Wansdorfer Steig 17, 13587 Berlin, Tel.: 030/5618694, E-Mail: petra.klingl@dhg-vorstand.de

--- Peter Rudolf, Gartenweg 6, CH-4143 Dornach, Tel.: 0041/617021895, E-Mail: peter.rudolf@dhg-vorstand.de

Website Stefan Wolfschütz, Curschmannstraße 37, 20251 Hamburg, Tel.: 040/477965, E-Mail: stefan.wolfschuetz@dhg-vorstand.de

Brigitte ten Brink, Kelhofstr.1, 78465 Konstanz, Tel.: 07533/998722, E-Mail: brigitte.tenbrink@dhg-vorstand.de

Internationale Kontakte Klaus-Dieter Wirth, Rahserstraße 33, 41747 Viersen, Tel.: 02162/12243, E-Mail: kd.wirth@dhg-vorstand.de

Sowie:

Redaktion Simone K. Busch, E-Mail: Simone.K.Busch@web.de
Öffentlichkeitsarbeit Dr. Beate Wirth-Ortmann, E-Mail: drw-o.haiku@t-online.de

Bankverbindung: Landessparkasse zu Oldenburg, BLZ 280 501 00, Kto.-Nr. 070 450 085 (BIC: SLZODE22XXX IBAN: DE97 2805 0100 0070 4500 85)

Bibliografische Information der Deutschen Nationalbibliothek:
Die Deutsche Nationalbibliothek verzeichnet diese Publikation in der Deutschen
Nationalbibliografie; detaillierte bibliografische Daten sind im Internet über
dnb.dnb.de abrufbar.

©2018 Deutsche Haiku-Gesellschaft
Herstellung und Verlag: BoD –
Books on Demand, Norderstedt
ISBN 978-3-7460-4428-6

REZENSIONEN

BERICHTE

MITTEILUNGEN

zwischen   den Ufern

wir halten
unser Wort

Haiga: Gabriele Hartmann

Haiku-Wettbewerb

Ausschreibung
Haiku-Wettbewerb 2018 der DHG
für die Haiku-Agenda 2019

Im Rahmen eines Wettbewerbes suchen wir ab sofort wieder Haiku, die zur Veröffentlichung in unserer kommenden **Haiku-Agenda 2019** bestimmt sind. Hierzu laden wir sowohl DHG-Mitglieder als auch Nichtmitglieder herzlich ein, bis zu drei Haiku einzureichen. Da die ausgewählten Haiku in einem Kalendarium abgedruckt werden, suchen wir Haiku, die zu den jeweiligen Jahreszeiten passen bzw. Bezüge zu Klima, Natur oder Festtagen innerhalb der Jahreszeiten beinhalten.

Fotos, Bilder, Collagen usw. sind ebenfalls für die Covergestaltung herzlich willkommen! Sie können in einem verkleinerten Format eingereicht werden; für eine mögliche Covergestaltung müssen sie aber in ausreichender Größe vorhanden sein.

Die zehn besten Haiku werden prämiert, mit Platzierungsangabe in der Haiku-Agenda 2019 besonders hervorgehoben und mit einer Haiku-Agenda 2019 honoriert!

Die Auswahl und die Entscheidung über eine Veröffentlichung trifft eine Jury des Vorstandes der DHG.

Die Agenda ist wochenweise organisiert. Für jede Woche wird ein **„Haiku der Woche"** ausgewählt und in der entsprechenden Woche der Agenda abgedruckt. Um jedoch jedes Mitglied der DHG in der Agenda mit einem Haiku zu Wort kommen zu lassen, werden wir von den Mitgliedern, die Haiku eingereicht haben, in jedem Fall EIN HAIKU auswählen und, falls es nicht für ein Haiku der Woche vorgesehen ist, im Leseanhang der Agenda veröffentlichen.

Teilnahmebedingungen:
– bis zu drei Haiku pro Teilnehmer mit einem Bezug zu Jahreszeit, Klima, Festtagen o. ä. Themen.

Die Haiku **müssen unveröffentlicht** sein.
– Eine Einsendung pro Teilnehmer für die Covergestaltung möglich
– **Einsendeschluss: 30. Juni 2018 – Stichwort „Agenda 2019"**

Einreichungen per E-Mail:

claudia.brefeld@dhg-vorstand.de

oder per Post:

Claudia Brefeld
Auf dem Backenberg 17
44801 Bochum

Wir freuen uns über Ihre Einsendungen!

Der DHG-Vorstand

Haiga: Horst-Oliver Buchholz

Haiku-Kaleidoskop

Klaus-Dieter Wirth

Grundbausteine des Haiku (XXXI)
dargestellt an ausgewählten Beispielen

Emphase

Emphase, aus griechisch *emphasis* = „Verdeutlichung", meint so viel wie Nachdruck, der auf eine sprachliche Äußerung gelegt wird.

In ihrer einfachsten Form kommt sie zunächst rein phonetisch durch die besondere Betonung eines Wortes oder auch nur einer Silbe zustande, komplizierter dann syntaktisch durch das Positionieren eines Ausdrucks an eine etwas ungewöhnliche Stelle innerhalb eines Satzes. Beide Verfahren spielen – kaum verwunderlich – beim Haiku nur eine geringe Rolle.

Dazwischen bieten sich jedoch mehrere Varianten an, die hier durchaus ihren Stellenwert haben, sei es im Sinne einer vorwiegend inhaltsbezogenen Verstärkung bzw. Bekräftigung oder Untermauerung – im Englischen allgemein als „Reinforcement" bezeichnet –, sei es als Intensivierung durch Akkumulation verstanden, als Anhäufung, Aneinanderreihung von Begriffen, die nur vermeintlich dasselbe bedeuten.

Im speziellen Fall des Haiku kommt die Emphase in neuerer Zeit auch besonders wirksam im formalen Spiel mit dem traditionellen Versbauschema von 5-7-5 Silben zum Einsatz, wenn etwa die längere Mittelzeile lediglich auf einen zentralen Ausdruck hin zusammengekürzt wird.

Gerade das Studium entsprechender Beispiele offenbart deutlich, wie vielseitig sich diese rhetorische Figur äußern und wie fruchtbringend sie auch beim Haiku angewendet werden kann.

pushing his cart
and his life itself
the melon seller

schiebt seinen Karren
und auch sein Leben
der Melonenverkäufer

    Akito Arima (JP)

Après la pluie
plus verte que verte
une rainette verte

Nach dem Regen
grüner als grün
ein grüner Frosch

    Noriko Koshikawa (JP)

Triste soir –
D'écouter le chant du cygne
encore plus triste

Trauriger Abend –
Vom Hören des Schwanengesangs
noch trauriger

    Nagiko Nishimura (JP)

la neige
tombe sur la neige
quiétude

Schnee
fällt auf Schnee
Ruhe

    Santôka (JP)

Pas un souffle
si ce n'est celui des vipères
en hibernation

Kein einziger Hauch
es sei denn der von Vipern
im Winterschlaf

    Kaneko Tôta (JP)

Une cascade gelée
stoppe son tumulte
stoppe le temps

Ein gefrorener Wasserfall
hält sein Getöse an
hält die Zeit an

    Kyôko Tsutsumi (JP)

Herbstnebel –
das Laub mit jedem Tag
schweigsamer

Sonnenfinsternis
die Wucht
des Schweigens

    Valeria Barouch (CH)

    Wolfgang Beutke (DE)

Die Stimme des Regens –
wie wundersam erst
die Stimme der Tautropfen
    Hans Matye (RO/DE)

erster Schnee
die Gräber schlafen
noch lautloser
    Joachim Thiede (DE)

Eiffeltoren
het jongetje wil
op papa's schouders
    Bouwe Brouwer (NL)

Haar lege zetel
in de stille huiskamer;
ik mis haar zwijgen.
    Ferre Denis (BE)

In zijn brievenbus
zijn overlijdensbericht
in zijn krant.
    Hilda Kiekemans (BE)

een gordijn van regen
de volle regenton
slobbert maar door
    Ada Suir (NL)

Nu moeder dood is
draag ik haar erfjuwelen
en haar gebaren
    Clara Timmermans (BE)

Besuchszeit
sie legt Rouge auf
ihr Lächeln
    Eleonore Nickolay (DE/FR)

Abendläuten
ein Rollladen schließt
den Tag
    Friedrich Winzer (DE)

Eiffelturm
der Kleine will
auf Papas Schultern

Ihr leerer Sessel
im stillen Wohnzimmer;
ich vermisse ihr Schweigen.

In seinem Briefkasten
seine Todesnachricht
in seiner Zeitung.

ein Vorhang aus Regen
die volle Regentonne
schwappt allemal über

Nun, da Mutter tot ist
trage ich ihre Erbjuwelen
und ihr Gebaren

fietsende jongen
plotseling harder trappend
om niets, om alles

    Jac Vroemen (NL)

radelnde Jungen
plötzlich stärker antretend
um nichts, um alles

snow falling
in the painting on the wall
waiting room silence

    Brad Bennett (US)

Schneefall
auf dem Bild an der Wand
Warteraumstille

the sky
and all the lake
in the lake

    Owen Bullock (GB/NZ)

der Himmel
und der ganze See
im See

quieter now
than before it came
first snow

    Paul Chambers (GB)

leiser
als bevor er kam
erster Schnee

dinner alone —
the cafe table's
scentless rose

    Kristen Deming (US)

Mittagessen allein
duftlos die Rose
auf dem Cafétisch

this silence
as if the other silence
weren't enough

    Mike Dillon (US)

dieses Schweigen
als wäre das andere Schweigen
nicht schon genug

almost lift-off
the flautist plays high notes
on tiptoe

    Muriel Ford (CA)

fast abgehoben
spielt die Flötistin hohe Noten
auf Zehenspitzen

The newly-widowed woman
Watering her lawn
In the rain
    Marco Fraticelli (CA)

Die gerade verwitwete Frau
Wässert ihren Rasen
Im Regen

Sub-zero night
Even the silence
Is frozen
    Liz Jordan (GB)

Nacht unter Null
Sogar die Stille
Ist gefroren

heavy snowstorm
distance thickens
into a silence
    Stanley Pelter (GB)

schwerer Schneesturm
Entfernung verdichtet sich
in Stille

a heat wave
the butterfly
fans its shadow
    Natalia L. Rudychev (RU/US)

Hitzewelle
der Schmetterling
fächelt seinen Schatten

softer than petals
the butterfly
landing on them
    Claudette Russell (US)

sanfter als Blütenblätter
der Schmetterling
der auf ihnen landet

prairie morning
only bluebells
only sky
    Billie Wilson (US)

Präriemorgen
nur Glockenblumen
nur Himmel

Neige au sommet
Couvée
Par un nuage blanc
    Marc Bonetto (FR)

Schnee auf dem Gipfel
Ausgepackt
Von einer weißen Wolke

12

soleil pâle –
nos ombres timides
s'effleurent

   Damien Gabriels (FR)

bleiche Sonne –
unsere scheuen Schatten
streifen sich leicht

Retour au pays
je ne reconnais plus personne
même pas mon ombre

   Minh-Triêt Pham (VN/FR)

Zurück in der Heimat
ich erkenne niemand mehr
selbst meinen Schatten nicht

vieux verger
de ses mains tavelées
il cueille les fruits tombés

   André Vézina (CA)

alter Obstgarten
mit seinen fleckigen Händen
liest er die Früchte auf

Al deslizarse
la gota de rocío
cada vez más grande

   Juan Felipe Jaramillo (CO)

Beim Hinabgleiten
wird der Tautropfen
immer größer

deep silence
I feel the weight
of the snow

   Maria Kowal-Tomczak (PL)

tiefe Stille
ich spüre das Gewicht
des Schnees

Doar o frezie –
singură cu parfumul
și tristețea mea

   Ecaterina Neagoe (RO)

Nur eine Freesie –
allein mit dem Duft
und meiner Traurigkeit

Notre Dame,
il silenzio della pietra
al plenilunio

   Toni Piccini (IT)

Notre Dame,
das Schweigen des Steins
bei Vollmond

Sobre la hierba
la sombra del árbol
aumenta el silencio.

    Isabel Pose (ES)

Auf dem Gras
der Schatten des Baums
verstärkt die Stille.

even the nightingale song
is sweeter to me
with the linden smell

    Slobodan Zekić (RS)

auch der Gesang der Nachtigall
erscheint mir süßer
beim Duft der Linden

später Tag …
die Farben in Vaters Schal
wärmen nun mich

Haiku: Claudia Brefeld, Foto: Paul Bernhard

Eleonore Nickolay

Die französische Ecke

Für das Thema „Haiku und persönliche Entwicklung" der 58. Ausgabe von *GONG*, der Zeitschrift der Frankofonen Haiku-Gesellschaft, konnte die Redaktion die Journalistin Pascale Senk gewinnen. Sie schreibt für die Tageszeitung *LE FIGARO* im Ressort Psychologie und brachte im letzten Herbst mit ihrem Buch *Der Haiku-Effekt* das Genre und seine positiven Auswirkungen auf unsere Psyche einer größeren Leserschaft zur Kenntnis. Dass das Haiku unsere Beobachtung schärft, unsere Gefühle intensiviert, ja, uns regelrecht glücklich machen kann, weiß Pascale Senk als Haiku Lesende und Schreibende aus eigener Erfahrung und hat es sich in zahlreichen Interviews von anderen Haiku-Autoren bestätigen lassen. Weiter erfahren wir von der Autorin, dass inzwischen sogar die experimentelle Psychologie das Haiku für sich entdeckt hat und ihm nicht nur eine euphorisierende, sondern auch eine heilende Wirkung nachsagt, ähnlich wie sie in der Psychotherapie erzielt werden kann. An Senks Ausführungen schließen sich die sehr persönlichen Beiträge von Danièle Duteil und Jean Antonini an. Danièle erzählt, wie ihr das Haiku in einer Phase existenziellen Leerlaufes zu mehr Gelassenheit verhalf. Jean beschreibt seine persönliche Entwicklung, als er mit dreißig Jahren das Haiku für sich entdeckte und ihm das Haiku-Schreiben Selbstvertrauen schenkte. Und weil zum Leben auch das Sterben gehört, hat das Haiku auch dort seinen Platz. Emmanuel Lozerand, Übersetzer und Professor für japanische Literatur, schildert den letzten Tag im kurzen Leben des Masaoka Shiki, so wie ihn dessen Schüler überliefert hat. Es ist ergreifend zu lesen, wie der an Tuberkulose erkrankte 34-Jährige mit letzter Anstrengung sein Todes-Haiku –

Ein Klumpen Auswurf
Der Saft des Schwammkürbisses
konnte nicht helfen.

– niederschreibt.

Im zweiten Teil der Zeitschrift finden wir die Haiku-Auswahl zum Thema „Glück und Unglück". Dem Aufruf folgten 59 Autoren, und die Jury wählte aus 61 Haiku aus. Hier drei Kostproben:

bourrasque de fin du monde
tête dans la boue le Bouddha
sourit toujours

Endzeit-Böe
den Kopf im Schlamm lächelt
Buddha immer noch

    Jean-Louis Chatrain

repas de famille
l'odeur appétissante
des nouveaux nés

Familienessen
der appetitliche Duft
der Neugeborenen

    Christiane Ranieri

tu tournes en rond
vieux chien abandonné
sur une aire d'autoroute

du drehst im Kreis
alter Hund ausgesetzt
auf einem Autobahnrastplatz

    Bruno Sourdin

Hartmut Fillhardt

„Haijin" – Tücken der Übersetzungskunst

Immer wieder höre oder lese ich, wie deutschsprachige Haiku-Dichter sich (oder ihre Kollegen) als „Haijin" bezeichnen. Der Kontext legt jeweils nahe, dass es sich bei diesem Begriff um einen Namensbestandteil, eine Berufsbezeichnung oder einen Ehrentitel handeln könnte. Hat jemand mal nachgesehen, was dieses Wort wirklich bedeutet?

Haiku lebt (unter anderem) von Homonymen, von der Mehrdeutigkeit der Wörter, der Vielfalt, die sich unter einem gleichlautenden Begriff tummelt. Als mir der Begriff „Haijin" das erste Mal begegnete, vermutete ich zunächst einen japanischen Namensbestandteil. Der Träger dieses Namens scheint jedoch, dem Impressum seiner Internetseiten nach, Deutscher zu sein. Als Zen-Bogenschütze habe ich selbst schon am Buddhismus geschnuppert und argwöhnte kurz, ob sich da wieder mal jemand ein buddhistisches Pseudonym zugelegt haben könnte. Prompt begegnete mir der Begriff jedoch in der Einleitung eines Gedichtbands, wo der Kontext eher eine Deutung als Berufsbezeichnung nahelegte. Durfte ich, selbst Haiku-Dichtender, mich dann gleichfalls so bezeichnen?

Nun ist das mit fremdsprachlichen Begriffen so eine Sache: Setzt man sie nachweislich falsch verstanden ein, wird allzu leicht auch alles andere, das man sagt, in Zweifel gezogen. Ein vielgereister Freund hat mir einmal von einer „voll authentischen", „original-arabischen" Versandkisten-Inschrift erzählt, die ihm einst über der Tür eines Pariser Teegeschäfts begegnet war. Unter fachkundiger Übersetzung hatte sie sich dann als „Tee für die verdammten Christenhunde" entpuppt. Seither bin ich ein wenig vorsichtiger. Was lag im vorliegenden Fall also näher, als zunächst im Haiku-Glossar[1] der Deutschen Haiku-Gesellschaft nachzusehen. Dort fand ich:

---

[1] Quelle: https://deutschehaikugesellschaft.de/haikulexikon/glossar/#h, heruntergeladen am 29.9.2017

17

„… Haijin, ehrenvolle Bezeichnung für einen vollkommenen Haiku-Poeten in Japan. Im deutschsprachigen Raum ist hingegen Haiku-Dichter oder Haiku-Poet die korrekte Bezeichnung für Haiku schreibende Dichter …"

„Oho", dachte ich, ‚ehrenvoll' … ‚vollkommen'. Ist „Haijin" etwa eine *Rangstufe* unter Haiku-Dichtern, vergleichbar den Gürtelfarben bei Martial-Arts-Kämpfern? Oder sind „Haijin" gar eine Art Dichterheilige, die von ihrer Lesergemeinde geschätzt und verehrt werden?

Ein erster Dreizeiler formte sich vor meinen Augen:

Im Haiku
Schritt für Schritt
zum Fujiyama.

Denn, so das Glossar der Deutschen Haiku-Gesellschaft, dieser Begriff gelte ja nur in Japan: In jedem Falle also wohl für Haiku-Koryphäen wie Matsuo Bashô, weiter vielleicht für Issa, Buson oder Shiki – aber heißt das nun, dass *zwar japanische*, jedoch *keinesfalls deutsche* Haiku-Fans Matsuo Bashô als „Haijin" bezeichnen dürfen?

Oder dürfen vielleicht zwar auch nichtjapanische Haiku-Dichter als „Haijin" bezeichnet werden, jedoch nur innerhalb Japans bzw. in Veröffentlichungen japanischer Provenienz?

Es blieb schwierig und ich misstrauisch. Schließlich gehen die Meinungen, was genau denn nun ein „vollkommenes" Haiku ausmache, bereits in der Deutschen Haiku-Gesellschaft weit auseinander.

Und wenn bereits die Formvorgaben für Haiku strittig sind, wenn sich in einer wachsenden Vielfalt von sowohl untergeordneten wie gleichrangigen[2] Haiku-„Verwandten" wie „Senryû", „freestyle" oder „Zappai" neuerdings sogar „Selfies" zeigen, wie ist das dann erst mit Personen, die sich mit Haiku beschäftigen: Sind vollkommene Haiku-Dichter nur solche, die

---

[2] Richard Gilbert & Shinjuku Rollingstone: „Der individuelle Glanz von Zappai", aus: Simply Haiku 3.1, erschienen Frühjahr 2005, Quelle:
http://www.gendaihaiku.com/research/zappai/brilliance-of-zappai.htm

sich selbst welche einfallen lassen, wie Rainer Maria Rilke, Imma von Bodmershof oder Dietmar Tauchner? Was ist mit den Feldforschern und Übersetzern, vor allem denen aus dem Japanischen, wie Robert F. Wittkamp, Geza S. Dombrady oder Ekkehard May? Oder zählen sich für die Verbreitung des Haiku einsetzende PR-Aktive und Kritiker, Menschen wie Volker Friebel, Hans-Peter Kraus, die Vorstandsmitglieder der Deutschen Haiku-Gesellschaft oder der frühere EU-Ratspräsident Hermann van Rompuy, der 2015 von Japan zum „Haiku-Botschafter" ernannt[3] wurde, ebenfalls zu den „vollkommenen" Dichtern?

Dürfen nun *alle* diese Personen oder nur ein *Teil* davon, *gleichfalls* als „Haijin" bezeichnet werden? Gemäß DHG-Glossar natürlich nur in Japan …

Oder darf dieser Ehrentitel auf legalem Wege ausschließlich *gebürtigen* Japanern zugutekommen, diese dürften dann aber auch von „*gaikokujin*" („Mensch aus dem Ausland") so tituliert werden, wiederum jedoch nur in japanischen Veröffentlichungen?

Und wie ist das mit uns Feld-, Wald- und Stadtteil-Haiku-Bemühten, die wir unser Bestes tun, zumindest kitschbeladene Stimmungs- oder esoterische Gesinnungslyrik aus unseren Versuchen herauszuhalten, ein halbwegs anständiges Haiku zu schreiben? Ist die eiserne Befolgung der in der Wirthschen Baustein-Sammlung[4] formulierten Prinzipien ein valider Prüfstein für einen „Haijin"? Entscheidet das jeder nach Geschmack für sich selbst oder funktioniert das eher über die Menge der „Likes" in Facebook?

Mancher Leser mag dergestalt um Präzision bemühte Fragen für typisch deutsche Erbsenzählerei halten – vergleichbar der von anderer Seite gepflegten Orthodoxie in der Auslegung der 5-7-5-Silbenregel beim Formen eines Haiku – und mich, als Fragenden, für einen antiliberalen, Haiku-Begeisterung defätistisch ausbremsenden Korinthenkacker.

---

[3] Meldung in „Zeit-Online" vom 3. Juni 2015, Quelle: http://www.zeit.de/news/2015-06/03/japan-van-rompuy-wird-haiku-botschafter-fuer-japan-03112815, sowie etwas ausführlicher in EURACTIV vom 4. Juni 2015, Quelle: http://www.euractiv.de/section/eu-aussenpolitik/news/van-rompuy-wird-haiku-botschafter/
[4] Erstmals in *SOMMERGRAS* Nr. 83 (dort S. 34ff), erschienen Dez. 2008, sowie diverse folgende Nummern, Quelle: https://deutschehaikugesellschaft.de/sommergras/archiv/

Hm.

Haben Sie sich schon einmal näher mit dem § 132a des Deutschen Strafgesetzbuches[5] befasst?

„… (1) Wer unbefugt 1. inländische oder ausländische Amts- oder Dienstbezeichnungen, akademische Grade, Titel oder öffentliche Würden führt, wird mit Freiheitsstrafe bis zu einem Jahr oder mit Geldstrafe bestraft …"

Erinnern wir uns: Zwischen 2010 und 2013 stolperten etliche deutsche Politiker sogar über die allzu freizügige Auslegung von Zitier-Regularien bei der Erlangung akademischer Würden[6]. Was werden da wohl erst Angehörige der Haiku-Zunft mit Kollegen und Kolleginnen anstellen, die den Titel „Haijin" nicht hundertprozentig korrekt anwenden oder gar selbst führen?

An diesem Punkt meiner Recherche angelangt, vermisste ich bei dem im DHG-Haiku-Glossar gefundenen Eintrag schmerzlich eine Angabe der Primärquelle – behufs präzisierender Kontextanalyse. Da ich bisher auch verabsäumte, selbst Japanisch zu lernen, blieb mir einstweilen nur, auf indirektem Wege weiter zu forschen.

Wie eingangs erwähnt: Ein Gestaltungselement von Haiku ist Mehrdeutigkeit im Ausdruck. Gerade deutsche Glossare, inklusive der deutschen Wikipedia, glänzen im internationalen Vergleich jedoch eher durch Lückenhaftigkeit und mangelhafte Orthogonalität, was in der Folge leider oft mit Verwirrung, wenn nicht gar mit einer Verengung der Perspektive bei ihren Nutzern einhergeht. Seither nutze ich bei Recherchen immer mehr auch englische oder französische Quellen parallel, was mir bereits manche lückenfüllende Zusatzinformation bescherte. Ich klickte mich also auf den Spuren von „Haijin" nun mehrgleisig durch die Untiefen des Internet.

Bald fand ich, sowohl in der französischen[7] wie auch in der englischen[8]

---

[5] Quelle: https://dejure.org/gesetze/StGB/132a.html
[6] Quelle: https://de.wikipedia.org/wiki/VroniPlag_Wiki
[7] Quelle: https://fr.wikipedia.org/wiki/Haijin
[8] Quelle: https://en.wikipedia.org/wiki/Haijin

Wikipedia, zwei fast gleichlautende Einträge, die den Begriff „hai jin" ins Chinesische verorten:

> *„hai jin:* chinesische Bezeichnung für das kaiserliche Verbot privater Seefahrt, unter Androhung körperlicher Züchtigung bis hin zur Exekution, mehrmals angewandt zur Zeit der chinesischen Ming-Dynastie (1368–1644) und während der Qing- (bzw. Manchu-) Dynastie (1644–1912) als Teil einer isolationistischen Politik zur Abwehr von Piratenaktivität im küstennahen Raum, die sich in der Folge jedoch als kontraproduktiv erwies."
> (Beide Einträge sinngemäß *übersetzt und zusammengefasst durch den Autor*).

Aha. Prompt stand mir ein Zappai vor Augen, gleichsam eine betriebswirtschaftliche Vision zur Unterhaltssicherung namhafter Haiku-Dichter als Veranstalter von Haiku-Workshops auf Kreuzfahrtschiffen unter taiwanesischer Flagge:

Haijin auf See
Piraten locken
und der Tod.

Auf meiner Suche nach juristisch tragfähigen Belegen potenzieller Haiku-Dichter-Titel befand ich diese Entdeckung dann doch eher als Sackgasse und nicht unmittelbar tauglich zur Beantwortung der gestellten Eingangsfrage. Rückblickend erscheint mir dies verfrüht, doch ich suchte zunächst an anderer Stelle weiter und fand, leicht überrascht, im Online-Dictionary www.kanjijapanese.com[9]

Haijin	*(dt. Übers durch den Autor)*
1. ashes and dust	Asche und Staub
2. cripple	Krüppel
3. disabled person	behinderte Person
4. haiku poet	Haiku-Dichter

---

[9] Quelle: http://www.kanjijapanese.com/en/dictionary-japanese-english/haijin

Mit der ersten Definition kommt ein zen-zerkratzter Haiku-Poet wie ich problemlos zurecht: Der Ausdruck von Ego-Vergänglichkeit in mönchshafter Gewandung fügte sich spontan als „Selfie".

Ich, Haijin,
Brennende Farbe
Im Staub

Die zweite („cripple") und dritte Bedeutungsübertragung („disabled person") fand ich an anderer Stelle nochmals vertieft im www.urbandictionary.com[10]:

Haijin

„Haijin" is a direct romanization of the japanese word which originally meant „cripple", but was later adopted by the online gaming subculture, to describe gamers who spent so long playing that they were assumed to never venture out of the house. In other words, „incapacitated, like a cripple".

(dt. Übers. durch den Autor)

„Haijin" ist die lateinische Umschrift eines japanischen Begriffs, der ursprünglich „Krüppel" bedeutet. Er wurde später durch die Subkultur der Online-Rollenspiel-Gemeinde übernommen, um Spieler zu beschreiben, die schon so lange spielen, dass man annehmen kann, sie wagten sich bereits nicht mehr aus dem Haus. Mit anderen Worten „beschränkt alltagstauglich", „wie ein Krüppel".

---

[10] Quelle: http://www.urbandictionary.com/define.php?term=haijin

Spontan assoziiere ich

Haijin beim Dichten
Entrückt
Wind, Sonne und Regen.

Weit abgeschlagen schließlich, auf dem vierten Rang dieser Aufzählung[11] erst und ganz schlicht, die Bedeutung „Haiku-Poet".

Ein „Haijin" also doch kein Heiliger? Keine Sonderstellung des „Vollkommenen", wie es die Beschreibung im DHG-Glossar scheinbar nahelegt? Keine Rangstufe, die Ruhm verheißt? Stattdessen eine weitere Fehldeutung, durch allzu schmalbandige Übersetzungswahrnehmung provoziert, wie sie der deutschsprachigen Haiku-Gemeinde bereits seit Jahrzehnten immer wieder formal das Bein stellt auf dem Weg zum „authentischen" Haiku? Oder bleibt die im DHG-Glossar erwähnte, innerjapanische Verwendung im „Kanjijapanese-Dictionary" etwa absichtsvoll unerwähnt, um Fehlnutzung außerhalb Japans gar nicht erst zu provozieren? Das Online-Dictionary als interkulturelle Deutungsschutzmauer?

Außerdem, falls die durch Kanjijapanese Dictionary und Urban Dictionary nahegelegten Übertragungen zuträfen, wie könnte ich als „Haijin" überhaupt noch „gute" Haiku schreiben? Wenn ich mich als „Haijin" der Welt so gründlich entrücke, die mich Haiku überhaupt erst erfahren lässt? Das Adjektiv „kontraproduktiv" aus der zuerst gefundenen chinesisch-maritimen Bedeutung des Begriffs stand mir plötzlich wieder vor Augen:

---

[11] Da ließe sich zwar zunächst einwenden, hier seien vier gleichrangige, voneinander verschiedene Bedeutungen aufgeführt. Jedoch weiß niemand besser als Poeten, die Mehrdeutigkeit zu genau diesem Zweck einsetzen, dass *jede* Bedeutung beim Lesen „durchscheint" und „nachhallt", gleichgültig, welche denn nun in einem speziellen Fall genau gemeint war – immer vorausgesetzt natürlich, die einzelnen Bedeutungen sind den Lesern bekannt …

Haijin –
chinesische Maurer
für Gedichte?

Als ich das erste Mal auf den Begriff „Haijin" stieß, schien es mir erstrebenswert, mich gleichfalls so nennen zu können. Inzwischen war ich mir da nicht mehr so sicher. Sollte ich vielleicht doch lieber zuerst Japanisch lernen?

Wie ich so grübelte, stieg eine Erinnerung in mir auf an einen in Ergriffenheit verheulten Nachmittag im Mainzer Cinema-Palast. Vielleicht lag das Problem ja gar nicht so sehr in der Wahl des richtigen Wörterbuchs, sondern, wie auch beim Erschließen von Haiku, im Verstehen des zugrunde liegenden Kulturkontextes. Und einen Augenblick[12] lang erging es mir wie dem Samurai-Fürsten Katsumoto im Film „*Last Samurai*"[13], wenn ihn der Schauspieler Ken Watanabe in einer wahrhaft ergreifenden Sterbeszene[14] erkennen lässt: „Sie sind *alle* vollkommen".

---

[12] einen winzigen natürlich nur, denn sonst könnte ich ja keine Glossen mehr schreiben …
[13] Quelle: „Last Samurai", US-amerik. Kriegsfilm von Edward Zwick aus dem Jahre 2003 mit Tom Cruise und Ken Watanabe in den Hauptrollen.
[14] Sterbeszene von Fürst Katsumoto im Film „Last Samurai", Quelle: https://www.youtube.com/watch?v=sZTWCwqmgLc (Vorsicht: nichts für zarte Gemüter). Gerade für im Zen Unbewanderte lohnt sich hier vielleicht noch ein weiterer Blick, diesmal ins englischsprachige Original (Quelle: https://www.youtube.com/watch?v=m8gkpAhS7ss) wo es nicht „vollkommen" heißt, sondern „wonderful" (dt. Übers: „Sie sind alle wundervoll", der Autor). Natürlich sollte hierbei nicht übersehen werden, dass dies ein amerikanischer und kein japanischer Film ist, aber vielleicht ist, und nicht nur für Haiku-Dichter, bereits die Kenntnis irgendeiner Zweitsprache ein erster Schritt, um Begriffe (oder Haiku) zumindest aus einer zweiten Perspektive betrachten zu können – und sei es die eines unpräzise synchronisierten und mit Pathos überfüllten Kriegsfilms.

Sturmmond und Nebelwand

Unserem Aufruf zum Weiterdichten folgten 41 Autoren. Es gingen 38 Weiterdichtungen zu „Sturmmond" und 41 Weiterdichtungen zu „Nebelwand" ein. Die SOMMERGRAS-Redaktion bedankt sich herzlich bei allen Autoren.

Nachfolgend drei Haiku-Weiterführungen, die von Claudia Brefeld, Horst-Oliver Buchholz und Simone K. Busch als gelungen vorgestellt werden sollen.

Sturmmond
wir streichen das Laken
glatt

Gabriele Hartmann

Ein Haiku, das auffällt, das auch überraschen kann. Denn es greift die vorgegebene erste Zeile „Sturmmond" nicht einfach auf und führt sie gedanklich oder emotional weiter. Es fügt vielmehr einen ganz neuen Gedanken, eine neue Aktion hinzu. Das ist gut. Besser noch ist: Der neue Weg führt ins Gegensätzliche und baut so Spannung auf. Auf engem Raum nimmt das Haiku eine scharfe Wendung. Sie führt ins Kontrastierende: Der Sturmmond, ein äußeres raues Naturereignis größerer Art gewendet ins Kleine, Private, fast Intime … das Glattstreichen eines Lakens. Sehr gut. Gelungen und zusätzlich hervorgehoben, weil Zeile eins und drei nur jeweils ein Wort haben, die so genau diesen Gegensatz pointiert ins Licht rücken. Hinzu kommt: Das Haiku lässt Raum für weitere Assoziationen seitens des Lesers. Wird das Laken glatt gestrichen rein der Ordnung halber? Oder nach einer Liebesnacht? Vieles ist möglich, beliebig ist es nicht. So hat dieses Haiku vieles, was ein gutes Haiku ausmachen kann: eine überraschende Wendung, einen spannungsreichen Gegensatz, und es lässt auch in seiner Kürze Raum für den Leser. Ein gutes Haiku eben.

Horst-Oliver Buchholz

Nebelwand
langsam entschwindet sie
in ihre eigne Welt

Eleonore Nickolay

Der Begriff Nebelwand weckt sehr schnell Erinnerungen an Orientierungslosigkeit und Hilflosigkeit. Wohl jeder kennt die Situation, plötzlich dem Undurchdringlichen ausgeliefert zu sein – es ist eine Art Kontrollverlust, eine Form der plötzlichen Isoliertheit, die Beklemmungen auslöst, aber auch aufgrund der nicht greifbaren Konsistenz etwas Weiches und Sanftes ausstrahlt. Ein starker Kontrast zwischen dem weichen Ungreifbaren und dem Trennenden ist spürbar. Auch optisch baut sich „Nebelwand" isolierend in der ersten Zeile auf – lässt das Nachfolgende dadurch silhouettenhafter erscheinen …

Die Nebelwand, jahreszeitlich dem Herbst zugeordnet, könnte hier auch den Herbst des Menschen andeuten. Als Metapher wird „Nebelwand" zudem zur Grenze zwischen dem eigenen Hier und dem anderen Dort, zwischen Gegenwart und Erinnerungen. Ist es eine Nebelwand, die sich um viele Erinnerungen schließt und dafür sorgt, dass man sich an einfache Alltagstätigkeiten nicht mehr erinnert? Oder ist es eine Nebelwand, die von außen aufgebaut wird, weil ein Anderssein nicht verstanden oder akzeptiert wird und in diffusen Erklärungsversuchen endet? Aber bleibt dies am Ende für die Betroffene nicht gleich, da sie in ihre eigene Welt entschwindet? An dieser Stelle bindet das Haiku durch seine Offenheit den Leser mit ein, fordert ihn auf, das Gelesene mit eigenen Gedanken und vielleicht auch Erfahrungen zu verknüpfen. Ein rundes, offenes Haiku, das nachdenklich stimmt.

Claudia Brefeld

Sturmmond
von Wolken zerrissen
der Eulenschrei

Angelica Seithe

Ein starkes Haiku, ein ausdrucksstarkes, dessen Kraft nicht allein, aber doch vor allem aus mächtigen Bildern erwächst: der Sturmmond, die zerrissenen Wolken, der Schrei der Eule; drei Elemente, die ein beinahe bedrohliches Szenario zeichnen. Die Eule ist zumeist ein nachtaktives Tier, ihre Jagd beginnt erst nach Einbruch der Dunkelheit, in der Nacht erwacht der Vogel zum Leben. Symbolhaft steht die Eule, zum Beispiel in der Heraldik, für Weisheit. Rätselhaft bleibt so der Schrei, auf den dieses Haiku wie in dramaturgischer Steigerung am Ende zuläuft. Was hat es damit auf sich? Ein Angstschrei? Oder ein Schrei der Selbstbehauptung, der das eigene Revier markiert? Wir wissen es nicht. Nicht zuletzt dieses Rätselhafte öffnet dem Leser den Raum für eigene Assoziationen. Es weist hinaus über das bloße Impressionistische von Mond und Wolken und gibt den Zeilen Tiefe. Dieses Haiku lebt nicht, wie viele andere gelungene, von einem spannungsreichen Gegensatz. Es zeichnet vielmehr mit kraftvollen Strichen ein einziges bei aller Zerrissenheit homogenes Bild. Das allein ist schon gut, wäre allein aber zu wenig. Doch dies düster Rätselhafte, wie beinahe bei Edgar Allan Poe Entlehnte, gibt den Zeilen eine weitere, eine tiefere Schicht, die – und das ist sehr gut – nicht ganz freigelegt wird. Das kraftvolle Bild in Wechselwirkung mit dem offen Rätelhaften – das macht diese drei Zeilen zu einem erstaunlichen Haiku.

Horst-Oliver Buchholz

Außerdem wurden 9 weitere Haiku mehrheitlich als gelungen angesehen, die wir hier an dieser Stelle gesondert vorstellen möchten!

Sturmmond –
jemand mutet mir
seine Wünsche zu

Kerstin Ambach

Sturmmond –
allein mit dem Wind
und meinen Gedanken.

Reinhard Dellbrügge

STURMMOND –
Die Lawine
beginnt zu flüstern …

Ruth Eva Karl

Nebelwand
in der Einsamkeit
mir selbst begegnen

Christa Beau

Nebelwand
meine Erinnerungen
jenseitig

Beate Conrad

Nebelwand
er nimmt den Hund
an die kurze Leine

Anke Holtz

Nebelwand
die Leuchtkraft
unserer Wünsche

Ruth Karoline Mieger

Nebelwand –
unsre Wege
aus der Welt gewischt

Angelica Seithe

nebelwand
nur der hund
erreicht das kind

Helga Stania

Dieser SOMMERGRAS-Beitrag sowie alle Einsendungen sind auf unserer DHG-Website nachzulesen!

Über Leser-Rückmeldungen für die nächste SOMMERGRAS-Ausgabe würden wir uns sehr freuen. Welches Haiku gefällt Ihnen besonders und warum würden Sie es in Verbindung mit der jeweils vorgegebenen ersten Zeile als besonders gelungen empfinden?

Aufruf zum Weiterdichten eines Tan-Renga!
Die SOMMERGRAS-Redaktion lädt ein zum Weiterdichten:

Frühsommerabend
im Garten summt wieder
die Nachbarin

(Eleonore Nickolay)

am steigenden Fluss
die alte Weide streichelt
ihr Spiegelbild

(Claudia Brefeld)

Einsendungen bis zum
15. April 2018
an
redaktion@deutschehaikugesellschaft.de
Stichwort „Tan-Renga-Unterstollen"

Es kann zu jeder Vorgabe eine Ergänzung (ein Unterstollen) eingereicht werden.

Die eingereichten Vorschläge werden in Sommergras Nummer 121 abgedruckt.

Wir sind gespannt und freuen uns auf viele Zusendungen!

Nachruf

Conrad Miesen

Zum 25. Todestag von Carl Heinz Kurz

Am 11. Februar 2018 jährte sich der Todestag von Prof. Carl Heinz Kurz zum 25. Mal. Der Name dieses weit gereisten und umfassend tätigen Schriftstellers, Verlegers und Editors dürfte den allermeisten der heutigen Mitglieder der DHG wohl unbekannt sein, obwohl er (gemeinsam mit Margret Buerschaper) zu den eigentlichen Initiatoren der Deutschen Haiku-Gesellschaft e.V. gehörte.

Das besondere Jubiläum seines Todestages möchte ich zum Anlass nehmen, Leben und Werk dieses ‚deutschen Haijin' in aller Kürze vorzustellen und dabei auch auf sein letztes Lebensjahr einzugehen.

Carl Heinz Kurz wurde am 26. November 1920 in der Bergstadt Zellerfeld im Harz geboren und wuchs dort in besonderer Naturverbundenheit auf. In der Großstadt Braunschweig besuchte er das Gymnasium, gefolgt vom Studium der Pädagogik, Geschichte und Literatur in Göttingen, Prag und Nottingham. Die aktive Teilnahme am Zweiten Weltkrieg unterbrach diese Phase. Schwer verwundet und beinamputiert kehrte Kurz nach Hause zurück, legte zwei Staatsexamen ab und arbeitete zunächst als Privatlehrer auf einem Gutshof in Solling. Seine schriftstellerische Tätigkeit begann er ab 1945. Er arbeitete für Verlage und Lektorate und baute eine ländliche Volks-Hochschule in Ellierode mit auf.

Kurz kaufte den ‚Pappelhof', ein großes Fachwerkhaus nahe Göttingen, und lebte dort mit seiner ersten Frau Sylvia Wrangel und drei Söhnen. Sylvia starb jedoch schon früh nach einem jahrelangen Krankenlager. 1964 heiratete er Anna Helene Wippert, eine Lehrerin, mit der er zwei Töchter hatte.

Mit 62 Jahren holte er die (kriegsbedingt verhinderte) Promotion an einer kalifornischen Universität nach und lehrte jahrelang deutsche Literatur an den Universitäten zu Orange/CA und Rapid City/SD in den USA.

Er kaufte eine Farm in Ontario, die später einer der Söhne bewirtschaftete, baute eine Haus (als ‚Altenteil') am Rand von Göttingen, wo er mit Anna Helene und seiner Tochter Caroline bis zu seinem Tod lebte. (Nach seinem Ferienhaus oberhalb von Claustal-Zellerfeld, dem ‚Eulenwinkel', ist der Preis benannt, welchen die DHG insgesamt achtmal von 1989 bis 2003 verliehen hat.)

Kurz verfasste über 50 Bücher (Prosa, Lyrik, Biografien, Essays) mit einer Gesamtauflage von etwa zwei Millionen Exemplaren und wurde durch Preise und Auszeichnungen vielfach geehrt. Er galt als Förderer junger Autoren.

Ein deutscher Haijin

Schon sehr früh war Kurz in Gruppen der Bündischen Jugend Haiku-Gedichten begegnet. Später las er mit großer Aufmerksamkeit Übertragungen klassischer japanischer Haiku durch Manfred Hausmann und Gerolf Coudenhove. Auch die Haiku-Verse von Imma von Bodmershof haben ihn sehr berührt. Er begegnete ihr einst persönlich auf ihrem Gutshof Rastbach in Niederösterreich. Im Rahmen seiner Weltreisen traf er vor allem in Japan selbst und auch an der Westküste Nordamerikas Menschen, die ihre Erlebnisse zu Haiku verdichteten wie die alten Haijin, die den Haiku-Weg bewusst gingen und Haiku in ihr Leben zu übersetzen versuchten.

Mehr und mehr gewöhnte sich Carl Heinz Kurz daran, Erlebtes und Empfundenes in der Haiku-Form niederzuschreiben und sich auch wissenschaftlich mit dieser Gedicht-Gattung auseinanderzusetzen. Seine eigenen, in der strengen 17-Silbenform verfassten Kurzgedichte pflegte er als Senryû zu bezeichnen.

Abgesehen von einigen theoretischen Abhandlungen schrieb Kurz in den letzten Lebensjahren ausschließlich dreizeilige Gedichte nach japanischem Vorbild. So gesehen ist es durchaus angemessen, ihn (wie es Margret Buerschaper getan hat) explizit als ‚deutschen Haijin' darzustellen (vgl. Margret Buerschaper, „Carl Heinz Kurz, ein deutscher Haijin. Biographisch-literarische Betrachtungen", Graphikum Verlag, Göttingen 1988).

Carl Heinz Kurz war zweifellos jahrzehntelang ein begeisterter Impulsgeber und Lehrmeister in Sachen Haiku, Senryû, Tanka sowie bezüglich der Partner- und Kettengedichte nach alten japanischen Vorlagen.

Von seinen vielfachen Aktivitäten in diesem Bereich seien nachfolgend nur die wesentlichen genannt:

– Herausgabe von Kurzlyrik nach japanischem Vorbild im Gauke-Verlag, pocket print Reihe)
– Aktivitäten in dem von ihm gegründetem Senryû-Zentrum (Preisverleihungen und jährliche Almanache; 1981 bis 1987)
– Magisterarbeit von Margret Buerschaper betreut und ediert
– intensive Mitwirkung in der Gründungsphase der Deutschen Haiku Gesellschaft e.V.
– Carl Heinz Kurz als Renga-Meister und Ausbilder
– Herausgabe von zahlreichen Anthologien mit Haiku, Tanka und Renga-Dichtungen im Graphikum Verlag sowie im Verlag Zum Halben Bogen, die seine Frau Anna Helene Kurz beide leitete
– Verbreitung der Kurzlyrikformen nicht nur in Deutschland, sondern auch in Holland, der Schweiz und Österreich
– Veröffentlichung eigener Renga- und Kasen-Beiträge in japanischen Zeitschriften und Universitätsschriften

Der Weltbürger

In seiner Heimat, dem Harz, verwurzelt und bodenständig, war Carl Heinz Kurz doch gleichwohl ein extrem welterfahrener Mensch, der alle Kontinente bereist hat. In manchen Jahren hielt er sich, wie seine Frau Anna Helene Kurz zu berichten weiß, bis zu 230 Tagen in der Ferne auf, brachte dann vielfältige Eindrücke in seinen Tagebuchnotizen mit nach Hause in den ,Pappelhof'. Das Motiv dieser vielen Reisen waren jedoch nicht einfach die Neugier oder die Erholung und Abwechslung. Er suchte oft auch Problemzonen auf und hat dabei viel an Leid und Elend erfahren müssen.

Seine Reiseskizzen brachte er in etwa 20 Büchern heraus. Überwiegend waren es Sammlungen kurzer, telegrammartiger Prosastücke, sehr pointiert und auch aufrüttelnd. In den späten Jahren nutzte er bewusst auch die

Senryû-Form, um seine Welterfahrung in faszinierenden Kaleidoskop-Bildern auf den Punkt zu bringen. (vgl. etwa: C.H. Kurz, *Über fünf Erdteile hin. 77 Senryû aus aller Welt*, Graphikum, Göttingen 1983 oder auch C.H. Kurz, *Wege im Dämmerlicht. Weltweite Impressionen*, Graphikum, Göttingen 1990)

Still zog ich und bloß
über fünf Erdteile hin
und suchte den Vers

Im Scheinwerferlicht
quälen sich Kenias Tiere
sterbend zur Tränke

In den Wäldern spür
Rauch und Schrei der Mohawks ich
an Leib und Seele

Aus fahlem Licht
ragen schwebende Klöster
hoch in die Wolken

(aus: *Über fünf Erdteile hin*, s.o. ; Seiten 5, 8, 19 und 45)

Das letzte Lebensjahr

Seit Carl Heinz Kurz an der Ostfront im Russlandkrieg als junger Soldat buchstäblich die Hölle erlebt hatte, war der Tod sein Begleiter und wird auch in vielen Versen zum Thema, manchmal in Bildern, die geradezu an alte Totentanzzyklen erinnern.

Ein Reiter hält an.
Der Türklopfer schallt durchs Haus.
Die Sense scheint scharf

Wir alle leben
neben unserem Tode her
ich lebe aus ihm

In einer Reihe von spätmittelalterlichen Erbauungsschriften wird die ‚*ars moriendi*', d.h. die Kunst des Sterbens und der bewussten Auseinandersetzung mit dem eigenen Tod, zum Gegenstand gemacht. Seitdem Kurz etwa im Februar 1992 von seinen Ärzten die tödliche Krebs-Diagnose erhielt und man ihm nur noch eine Frist von einem Jahr einräumte, hat er sich besonders intensiv und bis ganz zuletzt in völliger geistiger Klarheit mit dem eigenen Lebensende befasst.

Er lebte, reiste und realisierte letzte verlegerische Projekte und suchte für ihn bedeutsame Orte auf, kam aber in seinen Senryû der letzten Monate immer wieder auf das geheimnisvolle Thema von Sterben und Tod zurück. Im Grunde waren es insgesamt Versuche und Variationen im Sinne der altjapanischen Tradition des *Jisei*, d.h. des Sterbegedichts.

Eine kleine Auswahl dieser Dreizeiler soll unsere Betrachtungen zum deutschen Haijin Carl Heinz Kurz abschließen.

Ich verlier Gewicht –
wie hätt ich mich vor Jahren
darüber gefreut!

Letzter Tag zu Hause,
Sterbeakte auf dem Tisch,
abgehakt mein Leben

Marode im Bett,
ohne silberne Krücke
begrüß ich den Tod

Was bleibt mir zu tun?
Nur die Arche besteigen,
ins Jenseits driften?

(Diese, bisher unveröffentlichten, Senryû stammen aus dem Privatarchiv von Margret Buerschaper. Carl Heinz Kurz hatte sie ihr anvertraut.
Für die Abdruckerlaubnis sei an dieser Stelle Anna Helene Kurz herzlich Danke gesagt.)

Benutzte Literatur:
a) Vierteljahresschrift der DHG, Jahrgang 6, Nr. 21, Mai 1993; diverse Beiträge als Nachruf zum Tod von C.H. Kurz.
b) Wilhelm Bortenschlager, „Inseln. Aus Leben und Werk des Carl Heinz Kurz", Graphikum, Göttingen 1986.
c) Plesse-Lesungen 1993. Erinnerung und Vermächtnis. Carl Heinz Kurz zu Ehren; herausgegeben vom Flecken Bovenden.

Neue DHG-Mitglieder

Neue Mitglieder in der DHG

Eintritte vom 1.7.2017 – 31.1.2018
zusammengestellt von Simone K. Busch

Folgende neue Mitglieder heißen wir herzlich willkommen und freuen uns,
sie mit zwei eigenen Texten hier an dieser Stelle vorstellen zu können:

Ellen Althaus-Rojas aus Heidelberg/Baden-Württemberg

Meeresluft –
Schlösser gebaut
eine Welle lang

Einsetzender Regen
Halme und Menschen
richten sich auf

Elke Bonacker aus Duisburg/Nordrhein Westfalen

Zum Frühstück
der Mond
und eine Tasse Tee

Orgelkonzert
aus den Fugen
die Gedanken

Vanessa Cavalcante aus Karlsruhe/Baden-Württemberg

Kind und Taube
auf der grünen Wiese
Gänseblümchen

die Glocke läutet
Sonnenlicht
halb zehn

Hans Egerer aus Petersaurach/Bayern

felder verweißt
am stillen eissee räkelnd
die zaubernuss

gestern verloren
die hoffnung auf zukunft
kinderlachen

Michael Mintel aus Dresden/Sachsen

straßentheater
einer fröhlichen schar
blätter entgegen

winterspaziergang
im bach
vergangnes rauschen

Masami Ono-Feller aus Bergisch Gladbach/Nordrhein Westfalen

Das stille Töten
geht weiter – und das Eichhörnchen
versteckt seine *Walnüsse*

Die Feder eines Adlers
hebe ich auf – an einem schönen Abend
unter dem *Vollmond*

Ingrid Reuper aus Bad Pyrmont/Niedersachsen

Mit ruhigem Glanz
strahlt der volle Neujahrsmond
auf die Knallerstadt

Die Nase voll Schnott
Gekrächze in der Kehle
Virenneujahrsgruss

Sebastian Salie aus Bergen/Niedersachsen

Tagundnachtgleiche
wird es Frühling oder Herbst
mein Schatz

Pfütze am Weg
zwischen Bäumen und Blättern
erscheine jetzt ich

Ingeborg Sibler aus Karlsruhe/Baden-Württemberg

Tauben flattern auf
der Himmel hagelt eisig
Trommelmusik

Mauersegler sein
den Himmel durchschweben
heute nur heut'

Franz-Josef Talarczyk aus Dresden/Sachsen

Abenddämmerung
menschenleer die Allee
ich grüße jedes Grab

auf dem Radweg
Sternschnuppe von links
nimmt mir die Vorfahrt

Wolfgang Volpers aus Hildesheim/Niedersachsen

Na gut, der Frühling:
Farbe, Blüten, Sonne, Licht –
ich bin der Alte.

Tote Blätter:
Es führt kein anderer Weg
ins warme Haus.

Kéri Will aus Bad Homburg/Hessen

vor der schlachtung
zwei hirsche äsen im wald
wintereinsamkeit

harz am stamm
tropfen um tropfen zählt
die stille zeit

Gerhard Zarbock aus Hamburg

teich im mondeslicht
psst – ganz still und ohren auf
lockst du das quak-quak

raketen der nacht
die feuerblüten fallen
zurück zur stille

Lesertexte

Ausgezeichnete Werke
Zusammengestellt von Claudia Brefeld

Der Abdruck der Haiku erfolgt mit freundlicher Genehmigung der Autoren, von denen (wenn nicht anders angegeben) auch die Übersetzungen stammen.

Haiku Master of the Week des japanischen Fernsehsenders TV NHK World
im November 2017

ruby anniversary
in their wine bottle
a little leftover
>   Eleonore Nickolay

Rubinhochzeit
in ihrer Flasche Wein
ein kleiner Rest

Haiku- und Tanka-Auswahl März 2018

Es wurden insgesamt 224 Haiku von 79 Autoren und 44 Tanka von 26 Autoren für diese Auswahl eingereicht. Einsendeschluss war der 15. Januar 2018. Diese Texte wurden vor Beginn der Auswahl von mir anonymisiert.

Jedes Mitglied der DHG hat die Möglichkeit, eine Einsendung zu benennen, die bei Nichtberücksichtigung durch die Jury auf einer eigenen Mitgliederseite veröffentlicht werden soll.

Eingereicht werden können nur bisher unveröffentlichte Texte (gilt auch für Veröffentlichungen in Blogs, Foren, soziale Medien und Werkstätten etc.). Bitte keine Simultan-Einsendungen!

Bitte vorzugsweise die Haiku/Tanka in das Online-Formular auf der DHG-Webseite selbst eintragen:
deutschehaikugesellschaft.de/haiku-und-tanka-die-auswahl/
Ansonsten per Mail an: auswahlen@deutschehaikugesellschaft.de
Der nächste Einsendeschluss für die Haiku/Tanka-Auswahl ist der 15. April 2018.

Jeder Teilnehmer kann bis zu fünf Texte – davon drei Haiku – einreichen. Mit der Einsendung gibt der Autor das Einverständnis für eine mögliche Veröffentlichung in der Agenda 2019 der DHG sowie auf http:/www.zugetextet.com/

Haiku-Auswahl der HTA

Die Jury bestand aus Birgit Heid, Walter Mathois und Sonja Raab. Die Mitglieder der Auswahlgruppe reichten keine eigenen Texte ein.

Alle ausgewählten Texte – 36 Haiku – werden in alphabetischer Reihenfolge der Autorennamen veröffentlicht. Es werden bis zu max. zwei Haiku pro Autor aufgenommen.

„Ein Haiku, das mich besonders anspricht" – unter diesem Motto besteht für jedes Jurymitglied die Möglichkeit, bis zu drei Texte auszusuchen (noch anonymisiert), hier vorzustellen und zu kommentieren.

Da die Jury sich aus wechselnden Teilnehmern zusammensetzen soll, möchte ich an dieser Stelle ganz herzlich alle interessierten DHG Mitglieder einladen, als Jurymitglied bei kommenden Auswahl-Runden mitzuwirken.

Eleonore Nickolay

Ein Haiku, das mich besonders anspricht

Büchertausch
ich entdecke
dich neu

Christa Beau

Wer meint, dass Büchertausch in der heutigen Zeit etwas Seltenes geworden wäre, der irrt. Aktuell schießen Bücherzellen wie die Schwammerl aus dem Boden. Ehemalige Telefonzellen werden dafür vielerorts umgebaut. Die Idee des Buchtauschs ist zutiefst ökonomisch. Ein Buch nach dem Lesen wegzuwerfen, kommt für Buchliebhaber nicht in Frage. Bücher sind wertvolles Gut. Also gibt man sie weiter, an jemanden, der sie noch nicht gelesen hat.

Nach dem wöchentlichen Einkauf in der Stadt schaue ich regelmäßig in die Bücherzelle, um zu sehen, was es Neues gibt. Zu entdecken gibt es vom New York-Bildband bis hin zu Nietzsches Gedichten einfach alles. Und manches Mal findet man in den Büchern auch noch die Eigenarten eines Lesers, der das Buch vor einem gelesen hat. Markierungen am Seitenrand, ganze Erkenntnisse, die hineingeschrieben wurden, Lesezeichen, gepresste Blütenblätter oder Taschentücher.

Nun besagt aber die letzte Zeile in diesem Haiku, ich entdecke „DICH" neu! Das Buch sagt mir also etwas über Dich. Etwas, das ich zuvor noch nicht wusste. Etwas Neues.

Ich entdecke sprichwörtlich eine neue Seite an Dir. Es überrascht mich. So hätte ich Dich nicht eingeschätzt. Vielleicht beeindruckt es mich. Weil der Stoff kein leichter ist und ich Dir das gar nicht zugetraut hätte. Oder umgekehrt, es überrascht mich deshalb, weil ich Dir nicht zugetraut hätte, dass Du solche Schnulzenromane liest.

Sag mir, was Du liest, und ich sage Dir, wer Du bist. Oder was Du sein willst. Denn ob man das Gelesene auch begreifen und umsetzen kann, ist ja noch lange nicht gesagt. Manche Bibliotheken wahren halt auch nur den Schein.

Ausgesucht und kommentiert von Sonja Raab

Schneewolken
der Eremit vertieft
sein Schweigen
Gabriele Hartmann

Dieses Haiku löste bei mir spontan große Begeisterung aus. Ohne mir genau vorstellen zu können, was eine Vertiefung des Schweigens konkret bedeuten könnte, spürte ich sie. In der Kombination mit dem Eremiten entstand ein Bild des bewusst vollzogenen, vollkommenen Rückzugs.

Den Eremiten stelle ich mir in der Eremitage, einem kleinen Waldkloster auf dem Kolmerberg, in der Nähe des Dorfes Dörrenbach, unter einer Handvoll Brüdern vor, wie er gerade den schief gezimmerten und mit altem Mobiliar versehenen Speiseraum verlässt, um über die Außentreppe abwärts zur Kapelle zu gelangen, wo er sich dann in seine Meditation vertiefen wollte.

Vielleicht hatte sich der Eremit am frühen Morgen dabei erwischt, dass seine Gedanken wieder ein wenig Fahrt aufgenommen und sich verzweigt hatten, sodass ein Schweigen nun immer schwerer werden würde. Bald würde ihm ein Wort über die Lippen kommen, wenn er seine Gedanken nicht im Zaum hielte. Und die Gedanken waren die Quelle der Worte und somit des Unfriedens.

Auf dem Weg zur Kapelle sah er verdrossen die hellgrauen Schneewolken. „Bei Schnee bekommt man gleich nasse und kalte Füße! Bei aller

41

Schönheit, doch was nützt sie einem, wenn man dauernd friert? Außerdem kann ich die Helligkeit nicht mehr vertragen!", dachte er.

Er schloss die Türe der Kapelle auf, kniete sich in die Bank, sein Atemhauch vor dem Gesicht wurde ruhiger, seine Gedanken verlangsamten sich und kehrten zögerlich, doch allmählich in seine Mitte zurück, in einen dunklen, warmen Raum.

Ausgesucht und kommentiert von Birgit Heid.

verschleierter Mond
erzähle die Geschichte
zweier Welten

Gabriele Hartmann

Was für manche Leserinnen und Leser dieses Haiku vielleicht ein wenig großspurig und zugleich nichtssagend, weil wenig konkret, daherkommen könnte, nämlich die Idee der „zwei Welten", gefiel mir jedoch sofort. Auch deshalb, weil die „Geschichte" in der Einzahl gehalten ist und daher eine gemeinsame Geschichte zweier Welten darstellt.

Was nun unter zwei Welten gemeint sein könnte, kann man sich dabei persönlich überlegen. Auf jeden Fall handelt es sich wegen des Begriffs der „Welten" um Gebiete oder Ereignisse, die weit auseinander liegen oder sehr unterschiedlich sind. Es könnte sich sowohl um Weltregionen handeln, die kulturell oder von ihren Lebensbedingungen her als gegensätzlich anzusehen sind, oder es könnten lange auseinanderliegende Zeiträume sein. Ebenso käme eine tragische Familiengeschichte in Frage, die man seinen Enkeln erzählt und von denen man sowohl die Täter- als auch die Opferseite kennt.

Wie dem auch sei, durch die Einzahl der „Geschichte" weiß der Erzähler oder die Erzählerin um die Gemeinsamkeit der doch so weit auseinander liegenden Ebenen. Damit kann er oder sie plausible Erklärungen für so manches Rätsel dieser Welt anbieten. Indem es eine Geschichte ist, können Motive für Verhalten oder Fehlverhalten hier und dort, heute und damals, von dieser oder von jener Person miteinander in Verbindung gebracht werden.

Hinzu kommt der „verschleierte Mond". Der Mond hat hier für mich beinahe eine gottähnliche Allseinsfunktion. Er steht über allen Welten der Erde, im Einst und im Jetzt, er steht für Wechsel und Kontinuität, er zeigt verschiedene Seiten, deren verborgene Zonen auch zu ihm gehören, und er ist das Symbol der Weiblichkeit.

Nun ist er „verschleiert". Das sagt mir, dass die Geschichte, um die es geht, entweder am besten etwas verschleiert erzählt wird (beispielsweise eine tragische Familiengeschichte), dass es wegen einer Assoziation zu muslimisch begründeten Gesichtsschleiern möglicherweise um ein Frauenschicksal geht oder dass die Geschichte, um die es hier geht, wegen mangelnder Möglichkeiten des Nachweises etwas schleierhaft und auf Vermutungen oder logische Schlussfolgerungen angewiesen bleibt. Nicht leicht für die Geschichtenerzählerin oder den Erzähler, hier ist er bzw. sie auf seine oder ihre Argumentationsfähigkeit angewiesen.

Woher kommt aber meine Begeisterung? Ich schreibe gerade eine Geschichte, die in der Jungsteinzeit spielt, kurz bevor die Linienbandkeramiker von den Menschen der Michelsberger Kultur abgelöst wurden. Gegenwart und Vergangenheit begegnen mir bei Besuchen jenes zu beschreibenden Ortes, und die intensive Beschäftigung mit der Thematik führt zur Erkenntnis von so mancher Gemeinsamkeit zur Gegenwart.

Ausgesucht und kommentiert von Birgit Heid.

erster Frost
mein Enkel setzt den Schornstein
aufs Lebkuchenhaus
Ruth Karoline Mieger

Eine Erinnerung an die Jugend. Und an die Kälteperioden des letzten Jahrhunderts. In diesem Jahrhundert kennen wir den strengen Frost nur noch aus dem Märchenbuch, aus einem Haiku oder aus frühen Erzählungen.

In diesem Haiku spüre ich die klirrende Kälte. Draußen spielt der Wind mit den Fensterscheiben, lässt sie klirren und pfeift durch die Fensterritzen. Ungemütlichkeit wohnt im Garten, die Bäume knarren und die Gräser des letzten Sommers biegen sich.

Wir haben einen Lebkuchenbausatz besorgt. Heute Nachmittag, an diesem ersten Adventsonntag, will ich das Lebkuchenhaus zusammenbauen. Nicht weil ich gerne klebrige Finger habe, sondern aus Neugierde … und … weil ich mein Enkelkind von seinem Smartphone weglocken will. Ich klebe und klebe (mit meinen Fingern kann ich jeden Kaffee süßen). „Fast fertig!"

„Opa, da fehlt noch was!". Mit seinen kleinen, geschäftigen Fingern setzt er den Schornstein auf den Kuchenbau. „Jetzt hab' ich mit dir das Häuserl gebaut", mit kindlicher Zufriedenheit schnappt er sein Smartphone und lässt mich mit der Kalorienbombe allein.

Die Gegensätze (a = „erster Frost") zu (bc = mein Enkel setzt den Schornstein / aufs Lebkuchenhaus), sowie die Gegensätze (b = Enkel <–> zu mir als ungenannter Großvater oder ungenannte Großmutter) und das Gemeinsame in der Familie haben mich sehr berührt und dieses Haiku als meine Nummer eins auswählen lassen.

Ausgesucht und kommentiert von Walter Mathois

Die Auswahl

Zweite Blüte –
die Rosen auf dem Kleid
duften nach damals
Ellen Althaus-Rojas

Büchertausch
ich entdecke
dich neu
Christa Beau

sturmwarnung
der eilzug
der wildenten
Sylvia Bacher

Pflegeheimbesuch
im Aquarium
die meisten Kontakte
Martin Berner

vernarbtes Herz
unsre Namen
in der Rinde der Ulme

Stefanie Bucifal

Dürre …
die stummen Schreie
der Wasserspeier

Frank Dietrich

Wundsalbe
deine geflüsterten
Worte

Hans Jürgen Göhrung

die Katze träumt
im Licht
tanzt die Motte

Claus Hansson

verschleierter Mond
erzähle die Geschichte
zweier Welten

Gabriele Hartmann

Nebellaken
zwischen den Fassaden
Schattenspiele

Kerstin Hirsch

Raunachtmond
schenke ihm
mein dunkelstes Lächeln

Anke Holtz

der Obdachlose
wechselt den Schlafplatz
Pflaumenblütenduft

Simone K. Busch

Hungermond
irgendwo heult seit Tagen
ein Hund

Frank Dietrich

Sonnenstrahlen
auf deinem Grab
welken die Schatten

Erika Hannig

Geometriestunde
ein Silberstrahl streift
den Mond

Claus Hansson

Schneewolken
der Eremit vertieft
sein Schweigen

Gabriele Hartmann

Neujahrsglocken
in Allem noch
der Klang der Leere

Anke Holtz

Kondensstreifen
einer Wolke
wachsen Flügel

Angelika Holweger

Aprilsonne –
ein Bauer pflügt Licht
in den Acker
Gérard Krebs

Vater kehrt heim
und wieder kein Fleisch
in der Suppe
Matteo Lieber

Küstennebel –
irgendwo ruft ein Vater
nach seinem Sohn
Eva Limbach

Adventskalender
die verschlossenen Türchen
zur Kindheit
Eleonore Nickolay

Neujahrsmorgen
an der alten Gitarre
die Saite ersetzt
Evelin Schmidt

die Balance
der Störche auf ihrem Nest –
alte Beziehung
Angelica Seithe

alte hände
langsam steigt frühling
in den walnussbaum
Helga Stania

Frohes neues Jahr!
Übermorgen
der Arzttermin
Renate Küppers

erster Frühlingstag –
ich füttere den Hund
eines Fremden
Eva Limbach

erster Frost
mein Enkel setzt den Schornstein
aufs Lebkuchenhaus
Ruth Karoline Mieger

Ferienende
tief in der Schultasche
eine Muschel
Christiane Ranieri

Reisigbesen –
sie zupft ein kurzes Haar
aus ihrem Kinn
Angelica Seithe

neumond
in ihr lächeln
fällt schnee
Helga Stania

Meisenschwarm
die ungeknackten Nüsse
Krisenkonferenz
Henriette Tomasi

Januarnacht
die Mücke im Kaminholz
summt ein Wiegenlied
Angela Hilde Timm

Stille Nacht
auf Wache ein Soldat
summt
Udo Wenzel

Dauerregen
dem stillen Weiher
platzt der Kragen
Friedrich Winzer

Abenddämmerung
eine Pistenraupe schiebt
den Tag in die Nacht
Friedrich Winzer

Tanka-Auswahl der HTA

Die von Tony Böhle und Silvia Kempen ausgewählten Texte – fünf Tanka – werden in alphabetischer Reihenfolge der Autorennamen veröffentlicht. „Ein Tanka, das mich besonders anspricht" – unter diesem Motto werden Texte vorgestellt und kommentiert.

Ein Tanka, das mich besonders anspricht

das Pergament
in Vaters Gesicht
die bleichen Lippen
studiere ich und lern doch nicht
zu sterben
Gabriele Hartmann

Ich erinnere mich an eine Geschichte, die ich vor einiger Zeit gelesen habe: Ein alter Mönch erzählte, wie ihn einst in seiner Jugend der Tod ängstigte. Erstaunt traf er eines Tages einen alten Mann, der seinem nahenden Ende mit großer Gelassenheit entgegensah. Er packte ihn wütend und fragte: „Hast du denn keine Angst zu sterben?" Doch der Alte antwortete nur: „Meine Haare, Nägel und mein Augenlicht habe ich schon vor vielen

Jahren vorausgeschickt, was macht es da, wenn ihnen der Rest bald nachfolgt?"

Ich glaube diese Geschichte illustriert recht gut, was das oben ausgewählte Tanka für uns bereithält. Viele haben wohl schon die Erfahrungen gemacht, ein Familienmitglied beim Sterben zu begleiten, und sind so mit dem Anblick eines Sterbenden vertraut, wie er hier beschrieben wird. Die Haut, dünn wie „Pergament", die alle Adern durchscheinen lässt, „bleiche Lippen", durch die kein Blut mehr zu fließen scheint. Vielleicht mischen sich auch Erinnerungen an vergangene Zeiten hinein, als dieses Gesicht noch strahlte und der geliebte Vater, der nun bloß noch ein Schatten seiner selbst ist, die Aura eines Beschützers ausstrahlte. Traurig und bedrückend mag es sein, so etwas zu sehen, auch in dem Wissen, eines Tages dasselbe Schicksal zu teilen. Verwunderlich ist wohl aber auch die Gelassenheit und Ruhe, mit der viele Sterbende ihr Schicksal annehmen. Aufmerksam erkundet deshalb das lyrische Ich jenes Gesicht: die Haut, die Lippen, jeden Winkel, jede Falte, um dem Geheimnis des Sterbens auf den Grund zu kommen. Doch dieses „Studieren" bleibt, wie könnte es anders sein, zum Scheitern verurteilt. Ein Versuch, mit dem Verstand zu ergründen, was ihm allein verschlossen bleibt. Auch wenn man alle Bücher dieser Welt über Salz liest, es vermisst und erkundet, darüber nachdenkt, dreht und wendet, wird man es erst ganz begreifen, sobald man es kostet. So verhält es sich letztendlich auch mit dem Tod, der sein Geheimnis, sein Wesen, nur dem Sterbenden selbst offenbart. Dieser Erkenntnis kann sich auch das lyrische Ich nicht entziehen, wie die beiden letzten Zeile des Tanka zeigen: „studiere ich und lern doch nicht / zu sterben". Sehr gut umgesetzt ist dabei das Zusammenspiel zwischen Inhalt und äußerer Gestaltung. Die vierte Zeile hält mit ihren insgesamt acht Silben eine kleine Überraschung bereit. Diese Technik der überzähligen Moren bzw. Silben wird im japanischen Tanka gezielt eingesetzt, um die Aussagen der betreffenden Zeilen zu betonen. Und wo wäre dies wohl angebrachter als im Kontext mit „studiere ich und lern doch nicht"? So steht auch jene letzte Zeile „zu sterben" mit ihren nur drei Silben der vorangegangenen Zeile gestalterisch in nichts nach. Das Ende des Tanka, vom Leser zunächst wohl als zu kurz und abrupt empfunden, widerspiegelt treffend das Gefühl

des lyrischen Ichs beim Gedanken an den Tod des Vaters.
Ausgesucht und kommentiert von Tony Böhle

Die Auswahl

das Pergament
in Vaters Gesicht
die bleichen Lippen
studiere ich und lern doch nicht
zu sterben
    Gabriele Hartmann

der Teppich
in der guten Stube
handgewebt
aus grauen Fäden
meine Kindheit
    Gabriele Hartmann

die alte Stiege
sturmerprobt
flüstert
im Dialekt
der Ahnen
    Ilse Jacobson

die Schlachten von gestern
die Schlachten von heute
im Seufzen des Windes
erahnen wir schon
die Tränen von morgen
    Eleonore Nickolay

Der erste Frost kommt,
die Zweige werden lichter,
farbiger Teppich
ausgebreitet unterm Baum,
er wird fliegen mit dem Wind.
    Hildegard Sell

Mitgliederseite

Jedes Mitglied der DHG hat die Möglichkeit, eine Einsendung zu benennen, die bei Nichtberücksichtigung durch die Jury der Haiku- und Tanka-Auswahl auf dieser Mitgliederseite veröffentlicht werden soll.

Zeitenwechsel –
in Haus und Kirschbaum
zieht neues Leben

Ellen Althaus-Rojas

Wo die Mühle stand
heute der Wind
wie immer

Horst-Oliver Buchholz

Komm in den Schatten,
sprich Worte zu mir,
die dem Schweigen vermählt.

Thomas Berger

im Konzert –
der Schwanenhals vor mir
errötet

Gerd Börner

Schwiegermutterstuhl
das Gift in den Stacheln
vom Kaktus

Hildegard Dohrendorf

Abendsonne
scheint durch kahle Bäume
die Schatten wispern leise

Karola Groch

widerwillig
mit dem Spitz
die Witwe

Martin Berner

Braunkohle-Abbau
über den Gruben das Leid
verlorener Heimat

Renate Buddensiek

frisch verliebt
wir erwachen
mit Gras im Haar

Christof Blumentrath

Einfahrt
Frühlingsgefühle
frei halten

Vanessa Cavalcante

die Sturmwolken –
meine Schritte immer
länger und länger

Ristic Dragan

Goldhochzeit –
Oma lobt ihren Kuchen

Taiki Haijin

Verwaiste Stühle
im Straßencafé
tropfen Eiszapfen
Erika Hannig

radio-abend –
die armenische musik
wird mir zur arche
Bernhard Haupeltshofer

von horizont zu horizont
unterwegs
zu mir
Ilse Jacobson

Zauberklänge
Tafelsilber wird aufgelegt
Herz hüpft
Ute Kassebaum

Ich schließe die Tür
Über dem Gefängnishof
Hitchcocks Vögel
Petra Klingl

Wolfskinder.
Die knorrige Zirbelkiefer
im rauen Wind
Ramona Linke

liegt im frischen Schnee
ein verschrumpelt' Äppelchen
träumt vom neuen Jahr
Peter Rudolf

letzter Wintermond
der Klang der Dinge
wenn sie beginnen
Gabriele Hartmann

kirschblütenfest
in Fukushima das weiß
mit trauerflor
Margareta Hihn

Halber vollmond
begleitet mich
…Wohin … ?
Ruth-Eva Karl

frischer Schnee
voll erblüht die Rose
auf ihrer Schulter
Silvia Kempen

Frühe Schneeschmelze
Sandsäcke warten
auf ihren Einsatz
Renate Küppers

Der erste Vollmond
Bäume schwanken windgepeitscht
Dazwischen Krähen
Rainer Randig

Treffpunkt Landhotel
grün die letzte Ampel
hinter mir die Stadt
Sebastian Salie

die kranichrufe
locken den frühling herbei
aber mein herz schweigt

Elisabeth Sofia Schlief

Neues Müllauto
blitzblank, schick und noch so weiß,
Müll gleich wertvoller.

Hildegund Sell

Regenpause –
im blühenden Strauch versteckt
ein Osternest

Ingrid Töbermann

Glücklichsein
liegt eingesperrt vergessen
überall herum
und wartet auf ein Lächeln
das zurück ins Leben lockt

Erika Uhlmann

auf hoher See
„Der alte Mann und das Meer"
Erinnern an Schulzeit

Ruth Wellbrock

müde getaumelt
an der Fensterscheibe
meine Gedanken

Klaus-Dieter Wirth

zittern im wind
die blumen hoffen
die eisheiligen sind gnädig

Theo Schmich

Musik streift mein Ohr,
streichelt sanft meine Seele,
erweckt einen Traum.

Gerhard A. Spiller

Fand dein Schuhprofil
beim Spurensuchen zwischen
Seegras und Quallen.
Es wurde mir Wegweiser!
Meine Spur neben deiner.

Christa Wächtler

Märzschnee vergeht –
federleicht hebt sich ins Blau
ein Silberreiher.

Dagmar Westphal

Schneefall und Sturm
an der Wand das Blumenbild
ein Duft von Flieder

Gisela K. Wolf

Haibun

Hartmut Fillhardt

Martinsthal, im November 2017

Lieber Ruiz,

als ich deine E-Mail aus England las, bogen sich plötzlich meine Mundwinkel steil nach oben: Für einen Schriftsteller gibt es fast kein schöneres Geschenk als beziehungsreiche Tippfehler. Was für ein Bild: Den Lake-District gemeinsam zu „erfroschen"…
Wusstest Du, dass es zwei berühmte japanische Gedichte gibt, die sich beide mit Fröschen beschäftigen?
Das eine, Bekanntere, ist von Matsuo Munefusa, genannt „Bashô" – nach der Bananenstaude, die Schüler ihm vor seine Hütte pflanzten. Er dichtete in der zweiten Hälfte des siebzehnten Jahrhunderts ein Haiku, das später Weltruhm erlangte. Wäre es ein Gemälde, würde es heute wahrscheinlich neben der Mona Lisa im Louvre hängen. Es lautet:

Der alte Weiher
Ein Frosch springt hinein –
Geräusch des Wassers.

Ein Dichterkollege von ihm war Kobayashi Issa. Der wiederum hatte es nicht ganz so mit literarisch-bedeutsamen Zen-Gedichten. Er fühlte sich im liebevollen Dialog mit der Tierwelt und dichtete gut hundert Jahre später:

Keine Angst, kleines Fröschlein –
Ich bin's nur,
Issa.

Wie der wohl klingt, der Lake-District, kurz vor der Laich-Zeit?

Tausend schöne Augenblicke

Hartmut

Birgit Lockheimer

Organ²/ASLSP (3)

An einem trüben, verregneten Novembermorgen mache ich mich zum dritten Mal auf nach Halberstadt, um der Aufführung des langsamsten Musikstücks der Welt für eine kurze Weile beizuwohnen. Angesichts des tristen Tags erwarte ich heute nicht viele Besucher in der Burchardi-Kirche, vielleicht habe ich ja Glück und ich bin die einzige. Die Aufseherin schließt mir auf und ich versuche, wieder in die besondere Stimmung einzutauchen, die in dem von Orgelklang erfüllten alten Kirchengemäuer herrscht. Da kommt ein Bekannter der Frau herein, die beiden unterhalten sich, wenn auch leise, aber ich bin sofort abgelenkt. Und schon bald erscheint das erste Besucherpaar. Der Mann erklärt seiner Begleiterin, wie der Blasebalg funktioniert, der die Orgelpfeifen des John-Cage-Projekts 639 Jahre lang mit Luft versorgen soll. Auch ein Notstromaggregat sei vorhanden, damit das Jahrhundertprojekt bei einem eventuellen Stromausfall kein vorzeitiges Ende findet, weiß der Mann zu berichten. Vor dem Hintergrund seines belehrenden Tons will sich die rechte Stimmung nicht einstellen. Und dafür habe ich nun den weiten Weg auf mich genommen? Da erinnere ich mich daran, dass John Cage nicht nur Zufallskompositionen schuf, sondern dass er auch Zufallsgeräusche schätzte. „If you celebrate it, it's art, if you don't, it isn't." Weitere Paare betreten das Kirchenschiff. Ich konzentriere mich wieder. Über dem Klangteppich der Orgeltöne lausche ich nun dem Schließen der schweren Kirchentür, einem Vogel, der draußen aufgeregt pfeift, dem Aufstupfen eines Regenschirms, dem Knirschen von Schritten auf Kies, dem Rascheln von Papiertaschentüchern und dem Klicken einer Spiegelreflexkamera. Die Melodie des Lebens mischt sich mit dem Klang der Ewigkeit.

die alte Kirche
ein Mensch tritt ein
das Geräusch des Atems

Karola Groch

Unerwartet

Unerwartet starb meine beste Freundin. Ich musste diese Tatsache annehmen. Erinnerungen helfen dabei. Sie war ein lustiger, stets hilfsbereiter Mensch mit Hingabe an Probleme anderer. Ich sehe uns noch beim Spazierengehen mit meiner behinderten Schwester. Diese war wiederholt den Gaffern ausgesetzt: „Sieh' mal, die kleine Frau." Ich wagte nicht, etwas zu tun, aber meine Freundin fand passende Worte.

Winkend
durch das Autofenster
fuhr sie davon

Gabriele Hartmann

Artenschutz

Fliegen. Überall Fliegen. Das Rind schlägt mit dem Schwanz, dieser – kotverkrustet – wischt dem Bauern hart durchs Gesicht.
Außer sich vor Zorn schlägt er mit dem Stock auf das wehrlose Tier ein, wieder und wieder.
Sein kleiner Sohn steht Sekunden wie erstarrt, dann reißt er eine Eisenkette von der Wand, schwingt sie wie ein Lasso überm Kopf und schreit: „Aufhören! Sofort aufhören!"
Der Arm des Bauern sinkt herab. Sekunden später rennt er aus dem Stall.
Das Kind senkt beschämt den Kopf.

Großer Wagen
im Schmutz der Heckscheibe
S A U

Simone K. Busch

Wirklichkeiten

Wie leicht lässt sich doch manchmal mit einem einzigen Schritt die Perspektive verändern. Störendes oder gar Hässliches verschwindet, und etwas Neues entsteht. So genießt der Betrachter meines Fotos die atemberaubende Stille des Fuji über einem Meer von weißen Kirschblüten. Die vielen Fotografen, die ihre Stative neben mir in den schmalen Streifen Grün gebohrt haben, um ebenfalls die beste Aussicht und damit das schönste Japan-Foto zu bekommen, sieht er nicht.

Paarberatung
unsere Schuhspitzen
einander zugeneigt

Horst-Oliver Buchholz

Frostige Stunde

Noch etwas Laub glänzt im Geäst, weniger mit jedem Abend, an dem ich von der Arbeit heimkehre. Ein klarer Tag heute. Ein blauer Tag, dessen Ruhe nur der Wind durchweht. Ich schaue: das Blätterleuchten. Das Leuchten derer, die fallen.

Erntezeit
in kalten Händen
rote Äpfel

Horst-Oliver Buchholz,

Verlassen

Zurück auf dem Spielplatz meiner Kindheit. Das Klettergerüst ist kleiner jetzt, etwas vom Lack fehlt. Hier standen wir und schworen, uns nie zu vergessen.

> Vögel flattern auf
> im Abschiednehmen
> so viel Neues

nach durchwachter Nacht …

das erste Lied
der Amsel

Haiku: Claudia Brefeld, Foto: Paul Bernhard

Tan-Renga

Rüdiger Jung und
Conrad Miesen

Mitten in der Nacht –
Ängstlich sucht er die Schwelle
in das neue Jahr

Nicht auszudenken: stolpern,
landen in der falschen Zeit!

CM / RJ

Horst-Oliver Buchholz und
Eleonore Nickolay

Leerer Himmel
in den Schnee gefroren
Vogelspuren

du versprichst mir
eine Reise

HOB / EN

Christof Blumentrath und
Brigitte ten Brink

Glockengeläut
im fadenscheinigen Himmel
fehlt das Blau

verloren – den Glauben
an seine Worte

CB / BtB

Honky Tonk Train
der Pianospieler
nimmt Fahrt auf

ein altes Paar
zwinkert sich zu

BtB / CB

Rengay

Gabriele Hartmann und Silvia Kempen

hypothetische Welt

Frühlingsschmelze
schon wieder an Gewicht
verloren

den Tränen nah
er nimmt ihre Hand

tanze
mit geschlossenen Augen
Smoke on the Water

zum ersten Mal
erwacht – ein Schmetterling
im lila Flieder

aus seinem Mund
mein neuer Name

maskiert
hinter der Tür
die hypothetische Welt

GH: 1, 3, 5 / SK: 2, 4, 6

Gabriele Hartmann und Silvia Kempen

Luft

Gänseschrei
eine Feder schwebt …
und schwebt

über dem Pergament
Spiegelungen

vage Schatten
das Rossini-Konzert
steigt hoch hinauf

kreisend … Pegasus
hat Schaum
vorm Maul

sie plappert und plappert
mit leichtem Gepäck

sein Wort?
er reißt den Brief
wieder an sich

SK: 1, 3, 5 / GH: 2, 4, 6

Kettengedichte

Ramona Linke und Helga Stania

Stille Wasser
Yotsumono

Lungenpflege –
die zerbrechlichen Schwingen
eines Traums   RL

an stillen Wassern
der Liebe Raum geben   HS

Weiße Häupter
… auf dünnem Eis
strauchelnde Versprechen   RL

unter hohem Himmel diese
Gischtflocken des Fernwehs   HS

Gabriele Hartmann und Brigitte ten Brink

die Muschelsucherin
Renhai

rollender Donner
die Muschelsucherin
hält den Blick gesenkt   GH

allein auf dem Wanderweg   BtB
Jakob mit leichtem Gepäck   GH

daheim gelassen
Rosamundes
Geschichten   BtB

Christof Blumentrath und Gabriele Hartmann

vertieft
Renhai

frischer Wind	
mit leichter Hand über	
Steine und Moos	CB
vertieft in den leisen Klang	GH
unserer Schritte	CB
spüren wir	
fremdem Leben	
nach	GH

Zukünftig können jetzt auch längere und lange Kettendichtungen einge-reicht werden, diese werden dann aber nicht mehr im SOMMERGRAS, sondern auf der DHG-Website, parallel zur jeweiligen SOMMERGRAS-Ausgabe veröffentlicht. Auf diese Weise wird die gemeinschaftliche Ket-tendichtung besser gefördert, da es so keine Platzeinschränkungen mehr gibt, die beim SOMMERGRAS ja immer eine Rolle spielen.

Die Kettendichtungen (*renku*) bitte immer mit dem zugrunde liegenden Schema und Anmerkungen einreichen, da es so für die Leser besser nach-vollziehbar ist.

Wir freuen uns auf Ihre Zusendungen!

Haiku und Tanka aus dem Internet

Internet-Haiku-Kollektion
von Claudia Brefeld, Horst-Oliver Buchholz und Simone K. Busch

Aus den Monaten November und Dezember 2017 sowie Januar 2018 von Haiku-heute, haiku-like und Tageshaiku wurde folgende Auswahl (17 Haiku) zusammengestellt:

Kettenkarussell –
mit der letzten Runde
an der Sonne vorbeifliegen
> **Gerd Börner**
> Haiku-heute

auf 'nem Bierkasten
sie liebt mich
sie liebt mich nicht
> **Ralf Bröker**
> Haiku-heute

morgentraum
ich notiere
morgentraum
> **Simone K. Busch**
> haiku-like

Umarmung
auf unsre Spuren im Schnee
fällt Schnee
> **Simone K. Busch**
> Haiku-heute

Schnee …
Stille hat
mein Haus gefunden
> **Adrian Boute**
> Haiku-heute

Leselust
unser Begehren
zwischen den Zeilen
> **Horst-Oliver Buchholz**
> haiku-like

am Bienenstock
nach innen gerollt
ein Winterblatt
> **Simone K. Busch**
> Haiku-heute

bei Freunden …
Honig fließt aufs Brot
> **Gerda Förster**
> haiku-like

Der Fluss
ich übergebe ihm Steine
vergangener Tage

Silvia Frischholz
haiku-like

erster Frost
wir grüßen uns
wie Freunde

Eva Limbach
haiku-like

fallende blätter
schwer geworden
deine stille

Birgit Schaldach-Helmlechner
Haiku-heute

Kellertreppe
sie reißt ihrem Teddy
die Augen aus

Heike Stehr
Haiku-heute

waldfrühe
die sonne webt licht
zwischen kahle stämme

Peter Wißmann
Tageshaiku

heut Nacht
bin ich eine Schneeflocke
diese eine Schneeflocke

Anke Holtz
Haiku-heute

Herbstnebel
die Sonne betrachten
als wär sie der Mond

Diana Michel-Erne
haiku-like

erster Schnee –
ich erwache im Licht
dieser Nacht

Angelica Seithe
Haiku-heute

Winternacht
das Wohnzimmer voller Welten
aus Worten

Dietmar Tauchner
Haiku-heute

Internet-Tanka-Kollektion

von Claudia Brefeld, Horst-Oliver Buchholz und Simone K. Busch

Aus dem Online-Magazin für Tanka „Einunddreißig" wurde folgende
Auswahl zusammengestellt:

kurz leuchten sie auf
im Schein der Straßenlampen
und verblassen wieder:
Schneeflocken wie Menschen,
keiner gleicht dem anderen

Tony Böhle

was geblieben ist
vom ersten Schnee
die flüchtige Illusion
wir könnten uns voreinander
verbergen

Eva Limbach

unterm Walnussbaum
windgepflückt
mir vor die Füße
ein Wort in dem man
überwintern kann

Angelica Seithe

Bis an ihr Ende
ging sie Umwege zur Stadt
Einmal, leise, der Satz
Über die Brücke
fuhr damals dein Vater davon

Reiner Bonack

noch ein Gläschen
von dem alten Single Malt
für Vater und mich
und dann frag ich ihn endlich
wie er schmeckt – dieser Winter

Eva Limbach

Leserbriefe

Horst Ludwig

Sprachlich zum „Lachen / unter buntem Laub"

Zum Tanka

nach dem Regen
die spiegelnden Gesichter
des Weges –
manchmal Lachen
unter buntem Laub

(SG/VDH, 119, Dez. 2017, S. 43; mit anderem Autorennamen auch S. 44)
wäre wohl doch noch etwas Klärendes zu sagen. Denn der Kommentar da
erinnert klar ausgesprochen an die „Kindheit", wo es „riesiger Spaß" war,
„sich im Laub einzubuddeln, sodass nur noch die Blätter zu sehen sind",
und stellt dann die Frage: „Machen Kinder so etwas, [auch] wenn das
Laub feucht oder sogar nass ist?", und gibt darauf selbst die Antwort: „Ich
denke ‚ja'." – Nun, ich denke, nein. Weil's eben nicht geht. Das Einbud-
deln. Auch wenn mancher Mutter „Tochter (im Kindergartenalter) sogar
durch Pfützen robben würde", – der Gedanke an die „Unschuld von Kin-
dern", die da „unter [Haufen von] buntem Laub" ihren Riesenspaß treibt,
„jedenfalls wenn man sich nicht beherrschen kann", „liegt" *nicht* „nahe",
sondern ist sehr weit hergeholt, – zu weit hergeholt.

Wirklich viel zu weit. Denn nach heftigem Spätherbstregen, der ja so
einiges Laub abreißt, haben wir manchmal Wasserlachen auf dem Wege
unter dem Laub, nicht selbst sichtbar, und wir bekommen nasse Schuhe,
weil wir ahnungslos des Weges gehen und eher und vielleicht zu sehr in
die Gesichter der anderen Leute sehen und herausfinden wollen, was die
spiegeln („spiegelnden"[!], nicht etwa in den Pfützen gespiegelten), statt
auf das zu achten, was uns selbst betrifft, – ja, und bei sowas kann man

durchaus sehr leicht nasskalte Füße bekommen.

Aber gibt's da nicht doch auch wenigstens etwas von dem „Lachen", das der Tanka-Kommentar so deutlich aus dem Herbstlaubhaufen zu Ohren zu bringen sucht? Ich möchte ja gern „ja" sagen. Klanglich ist das Wort dafür ja auch da, und auf dem „zurückliegende[n] Lebensweg" gab's sicher auch manches gerechtfertigte „Lachen". Aber wenn man so alt ist, wie ich es geworden bin, zählt das doch nicht mehr so. Eigenartig, nicht wahr, ja, und irgendwie, wenn auch natürlich, natürlich doch auch sehr schade. Aber daran ist eben nichts zu ändern; alles hat seine Zeit, und zum Winter hin geht man nun mal mit derartiger Erfahrung „des Weges". – Aber lesen wir mal das Tanka nicht als Spätherbstbild, wo man das Laub zu Haufen zusammenrechen müsste, sondern einfach als Herbsttext mit dem bunten Laub noch an den Bäumen, – das geht ja auch, – und da haben wir ja die zunächst ganz konkret mit Regentropfen spiegelnden Gesichter. Und manchmal lachen sie auch, auch wenn der plötzliche Regen vielleicht etwas Wimperntusche und andere Auflage verschmiert hat, mit deren Hilfe wir etwas eine andere Lebenszeit zur Schau stellen möchten als die wahre. Denn auch „[d]ies ist der Herbst[;] der – bricht dir" aber noch nicht „noch das Herz", wie's später der Fall ist; hier lachen wir „manchmal" noch, vielleicht sogar etwas ausgelassen, „unter buntem Laub".

Horst Ludwig

Zeitgeschehen in einem Haiku

Manchmal liest man ein Haiku mehrmals, gerade weil man der Darstellung des Betrachteten da nicht ganz zustimmt. Das kann z. B. die Haiku-Form im Auge haben (man könnte im folgenden besprochenen Text aus SG/VDH, 119, Dez. 2017, 37 „die" weglassen, auch wenn mit der silbischen Überzahl ein Überfluss an bewusstem Zeiterlebnis gut angedeutet sein kann). Das kann auch die Sicht aufs Betrachtete meinen. Das kann auch das Betrachtete selbst angehen. Trotzdem nimmt man aber einen Text wie

> Gletscherwanderung …
> im blauen Eis verborgen
> die verflossene Zeit

sehr ernst, und es kommen einem mit gutem Recht mehr und mehr Gedanken dazu. Eingeleitet werden diese Gedanken hier vom Blick auf eine Wanderung, auf eine nicht erzwungene, wie wir sie vielleicht aus altem Volkslied kennen, wo die Heimat einem Gefahr geworden, aber man in der Ferne im Elend ist („Innsbruck, ich muß dich lassen"). Es ist auch keine aus Sitte übliche Wanderung, romantisch und „des Müllers Lust", voll jugendlichen Übermuts und der Freude darüber, dass es diese Sitte gibt und man sich nicht für den Drang entschuldigen muss, das Zuhause auch mal einige Zeit hinter sich zu lassen. Und schon gar nicht ist es die modern sehr übliche, die einem auf Anraten des Arztes hinreichend – und besser noch „viel mehr Bewegung" verschaffen soll. Zwar auch nicht ganz die, wo Hillary auf die Frage, warum er denn den Everest unbedingt hat besteigen wollen, antwortete: „Weil's ihn gibt", aber doch wohl eine mehr in dieser Richtung, jedenfalls, wenn's nicht eine ist, die von der Touristikindustrie dem ja doch auch etwas Erholung Suchenden als aber auch bestimmt völlig sicher und mit erfahrener Führung in der Sommerfrische zu weiterer Unterhaltung angeboten und verkauft wird. In diesem Haiku öffnet eine gewisse Einsamkeit dem Wanderer gewisse Einsicht in eigentlich Unsichtbares.

Denn „verborgen" ist hier schon etwas, und es ist etwas Wichtiges. Und es lohnt, sich mal den Unterschied zwischen „verbergen" und „verstecken" bewusst zu machen. Ersteres Wort gehört zu „bergen", ja und damit auch zu Burg, zu Bürger damit, zu „sichern" und Sicherheit also. Dagegen „versteckt" man etwas, wenn man es bewusst nicht an seinen normalen Platz steckt, – und es ist dann für immer versteckt, wenn man seinen jetzt ungewöhnlichen Platz vergisst und das Versteckte deshalb nicht wiederfindet. Wenn wo etwas verborgen ist, dann sind wir sicher, dass es ganz natürlich da ist, gesichert, fest, auch wenn's nicht einfach und schnell zu begreifen ist. Das Wort „verborgen" ist hier also sehr gut gewählt, – auch weil etwas offenbar sehr Wichtiges hier „im blauen Eis" verborgen ist, in Eis, festem Material, das wir übrigens ja auch nicht gern mit bloßen Händen anfassen, sondern es dem Auge überlassen, es als uns ansprechend anzuerkennen.

Und es ist Wasser – das wir ja schon seit Ewigkeiten brauchen, um überhaupt zu sein und uns zu unsern Einsichten zu entwickeln, – Wasser, freilich in einem anderen Aggregatzustand. Einst – vor Urzeiten – floss dieses Wasser und ermöglichte die Entwicklung, die uns schließlich – aber das auch erst vor zwei, drei Millennien – dieses objektiv erkennen lässt. Es ist auf seine Art verflossen und gleichzeitig eben nicht verflossen, – wie auch die Zeit, die das braucht, verflossen ist und eben auch nicht verflossen ist.

Sie ist uns allzeit gegenwärtig.
Und das auch, weil wir die Sprache davon hier gelassen einem Haiku entnehmen, einer Dichtung, die im Japanischen fast schon ein halbes Jahrtausend in seiner einfachen Form lebendig ist und mit dessen Form wir im Westen jetzt auch schon seit einem Jahrhundert vertraut sind. Und da ist hier im Segment c gar kein die Sache mehr erregendes „die" nötig. Deshalb schlage ich vor, den bestimmten Artikel hier wegzulassen. Denn auch die Zeiteinheit, die mit der Haiku-Form gegeben ist (die More, die Moren = kleinste metrische Zeiteinheit im Verstakt), ist ja etwas, was der erfahrene Leser beim Lesen als sinnvoll mitbekommt. Alles hat seine Zeit, auch das Haiku.

Rezensionen/Besprechungen

Klaus-Dieter Wirth

Unruhige See(le)

Unruhige See(le) haiku·senryû·tanka von Petra Klingl, Dagmar Tollwerth, Manuel Bianchi & Stephanie Mattner (Hrsg.). *SternenBlick* Berlin, Books on Demand, Norderstedt. 2017. ISBN 978-3-7448-3363-9. 160 Seiten.

Nicht gerade oft fällt einem ein Buch in die Hände, dessen Entstehung ganz offensichtlich einem besonders ehrgeizigen Engagement aufgrund großer Begeisterung für das Projekt seitens der Herausgeber zu verdanken ist, das allerdings bedauerlicherweise bei den teilnehmenden Autorinnen und Autoren so wenig der Sache selbst gerecht zu werden vermochte.

Zunächst zu den äußeren Fakten: „Zur Einstimmung" gehen der eigentlichen Sammlung von Texten – insgesamt 164, davon 15 Tanka, von 123 Autorinnen und Autoren – zwei Einleitungen voraus: eine mit dem Titel „Was kann ein Haiku sein?" von Dagmar Tollwerth und eine zweite „Faszination der Kürze" von Ingo Cesaro. Während in der ersten zu Recht herausgestellt wird, dass gerade die „Momente oder Begegnungen voller Intensität … in ihrer poetischen Reduktion" sowie der „Aha-Effekt" und Raum für den Nachhall beim Leser die Charakteristika sind, die ein Haiku ausmachen, beschränkt sich Ingo Cesaro in seiner „Anmerkung" ausschließlich auf den Aspekt des Silbenrhythmus, und zwar deutlich im Sinne einer Verteidigung des traditionellen Schemas von 5-7-5 Silben. Dabei kommt es zu etlichen fragwürdigen Äußerungen, etwa wenn es heißt: „Seit einigen Jahren liest man immer wieder auch die freie Form, also meistens drei Zeilen und zwischen 12 und 18 Silben." Ein Widerspruch! War doch soeben gerade die Dreizeiligkeit noch als Postulat der klassischen Form ausgemacht worden! Dazu bewegt sich die freie Form keineswegs nur zwischen 12 und 18 Silben, sondern benutzt eher weniger als 12. Ein Haiku-Beispiel von mir:

im Stau
Wolken
lösen sich auf

Und was soll man mit dem nachfolgenden Satz anfangen?: „Dies hat zur Folge, dass manchmal Worte untereinander geschrieben ein Haiku ergeben sollen." Weiterhin ist auch die Feststellung, das Haiku sei „eine der Meditations-Formen innerhalb des Zen-Buddhismus" letztlich nicht haltbar. Zeitlich falsch ist es auch, die Deutsche Haiku-Gesellschaft vor dem Deutschen Senryû-Zentrum aufzuführen: Dieses bestand nur von 1981 bis 1986 und die DHG wurde erst zwei Jahre später gegründet. Schließlich greift Ingo Cesaro noch auf den altbewährten Trick der Anrufung von Autoritäten, in diesem Fall von Reiner Kunze, Durs Grünbein und Josef Guggemos, zurück, um seinem Herzensanliegen, das 5-7-5-Silbenschema als das allein selig machende Kriterium zu propagieren, den erhofften Nachdruck zu verleihen. Zwei Aspekte lassen diesen Versuch allerdings unlauter erscheinen: Einmal wird ausschließlich die formale Seite ins Auge gefasst, sodann ist offensichtlich nie ernsthaft nachgeprüft worden, ob auch die inhaltliche Seite überhaupt den anzusetzenden Erwartungen gerecht geworden ist.

Bei Reiner Kunze heißt es zum Beispiel in seinem Gedichtband *lindennacht* (S. Fischer 2007) in „schule des haiku":

Fünf silben demut
sieben silben einsamkeit
fünf silben wehmut.

Wie wahr, wie wahr! Oder im Klappentext steht:

Entlang dem staunen
siedelt das gedicht, da
gehn wir hin.

Eine nette Aufforderung, ja! Doch sind dies eher Formulierungen eines poetischen Programms, Maximen des Schreibprozesses, wobei auch der

Rezensent in der FAZ vom 07.04.2008 vermutet, dass diese Verse, „mit denen der Lyriker sich (in diesem, seinem Alterswerk) asiatische Gedichtformen wie den japanischen Haiku oder den koreanischen Sidscho aneignet, Kenner und Liebhaber dieser Kurzformen wahrscheinlich nicht zusagen werden, eher als Versuche in Richtung einer ‚Globalisierungspoetik' gelten können."

Auch der Georg-Büchner-Preisträger von 1995 Durs Grünbein gilt als einer der bedeutendsten deutschsprachigen Poeten der Gegenwart, doch reichen vier Japanbesuche allein offenkundig nicht aus, um sich in die „Tiefe des Augenblicks" (Andreas Wittbrodt), in den Geist des Haiku einzugewöhnen, was seine „Reisetagebücher in Haikus – Lob des Taifuns" hinreichend belegen:

Weich sind die Knie
nach Stunden im Schneidersitz
O weh, Schmerz, laß nach.

Taxis im Regen.
Die Fahrer schlafen. Dann schreckt
Ein Kunde sie auf.

Ich aber lebe.
Von wegen Stirb und Werde.
Man stirbt nur einmal.

Manchmal zufrieden,
ein Furz gegen die Brandung,
so ist er der Mensch.

Wohin willst du denn, Kopf?
He, was treibt ihr da Füße?
Wir baden, du Arsch. (übrigens 6-7-5! Silben).

Wohl alles andere als Vorzeige-Haiku! Nicht einmal als Aperçus geistreich genug! Vielleicht „Gefühlssouvenirs", „Neuronotizen" oder auch „Wortmoleküle", wie Grünbein selbst anlässlich einer Lesung im Tokioer Goethe-Institut November 2008 anmerkte.

Josef Guggemos, vor allem als Kinderbuchautor bekannt geworden, hat sich dagegen in der Tat auch um das Haiku verdient gemacht. Insgesamt sind 345 von ihm überliefert. Sein Haiku

Im Gras ein Apfel
rundes Schweigen, hingelegt
an den Rand der Welt

lieferte zugleich den Titel für eine Auswahl, die postum im Hamburger Haiku Verlag 2005 erschienen ist. Hier weitere gelungene Beispiele:

Libelle, jäh da,
blank, schlank, kurz still vor mir, jäh
aus meinem Leben

Ich lege mein Ohr
an den Ahorn, fast hör ich
es schlagen, sein Herz.

Ein Schneekristall lag
mir auf der Hand, ewig schön,
eine Sekunde.

Zurück zu der Neuerscheinung selbst: Schon der Titel „Unruhige See(le)" ist zwar wegen des Wortspiels ambitioniert gewählt, aber auch gefährlich, zielt er doch gleich zu direkt auf Gefühlsäußerungen, auf subjektive Seelenregungen ab. In ihrer Nachbemerkung informiert uns Stephanie Mattner darüber, dass das Haiku

Unruhige See.
Ein roter Schal fliegt davon.
Er wirft den Anker.

von Dagmar Tollwerth den Anstoß dazu gegeben hat. Förmlich überrascht wurde sodann das Herausgeberteam von insgesamt 1111 Einsendungen, ein Beweis dafür, wie sich bei rechter Ansprache Begeisterung unmittelbar übertragen lässt. Insofern schon ein beneidenswerter Erfolg! Umso mehr, als es gelang, dabei circa 100(!) Haiku-Anhänger zu rekrutieren, die sich sonst noch keinen Namen gemacht haben. Welch ein Potenzial! Das sollte gehoben, gepflegt werden! Denn leider ist noch eine zu große Diskrepanz zwischen der frischen Begeisterung und den zu vielen unbeholfenen Ergebnissen festzustellen. Nur etwa 15 % überzeugen, und das ist einfach zu wenig. Hier einige davon:

Die Hand am Rollstuhl
Ihr Blick meint den Anderen
auf dem Motorrad

    Ina May   S. 54

See im Nebel
bis zum Rand der Erdscheibe
drei Ruderschläge

    Birgit Lockheimer   S. 88

Brandungswellen …
Die Schwangere
hält ihren Bauch

    Volker Friebel   S. 100

Morgenlied
in den Schwingen der Vögel
das steigende Licht

    Marianne Kunz   S. 103

früher Herbst
das Meer klammert sich
an seine Wärme

    Gerd Börner   S. 108

Dass ein rigides Formverständnis nicht der Weisheit letzter Schluss sein kann, das hat auch Manuel Bianchi in seiner Schlussbemerkung noch einmal zu Recht betont. Form ist kein Gefäß, das nur gefüllt werden muss, bleibt letztlich immer ein Gestaltungsmittel! Muss man indes zu

Deine Augen folgen so lieblich
dem Schatten, der da
so unruhig vor dir geht und beinahe schwebt.

von Sarah Königs (S. 98) noch etwas sagen?

Ebenso sind effekthascherische Rätselspiele unbedingt zu vermeiden, wie im Beispiel von Andreas Stranz (S. 20):

Brandung
Cast away
hält mich gefangen.

Soll „Cast away" nur einfach Weggeworfenes bedeuten? Oder bezieht es sich unmittelbar auf die Robinsonade des amerikanischen Spielfilms „Verschollen" aus dem Jahre 2000? Ebenso verhält es sich im Angebot von Sebastian Salie (S. 76):

flaute
im fernsehen
sharknado,

ist doch sicherlich kaum davon auszugehen, dass der Normalleser weiß, dass hier auf einen US-amerikanischen Science-Fiction-Katastrophenfilm Bezug genommen wird. Oder dass Stefan Lochner (S.78) mit

Steile Meereswelle
küsst Schaumkronenflocke
Arielle seufzt

die Meerjungfrau eines Walt Disney-Zeichentrickfilms aus dem Jahre 1989 bemüht. Abgesehen davon grenzt dieser Text an absoluten Kitsch. Ganz anders ist da schon dieses Haiku von Ralf Bröker (S. 43) zu bewerten:

Corryvreckan
ich ertrinke im Strudel
meiner Gedanken

Wenn er doch nur mit einer Fußnote „Corryvreckan" erklärt hätte, ein Verfahren, dass auch in Japan durchaus gelegentlich zur Anwendung kommt. Einmal handelt es sich hier nämlich um Europas größten Meeresstrudel, gelegen in Schottland, zum anderen um eine Whiskymarke. Ohne den Hinweis fühlt man sich jedoch eher von der Arroganz des Verfassers vor den Kopf gestoßen. Auch sonst dürfen Haiku nicht zu verschlüsselt sein, wie im Beispiel von Christiane Schwarze S. 70):

Unter dem Sand –
Meine Namensscherben rot.
Verirrt im Warten.,

denn das widerspricht dem ästhetischen Prinzip des schlichten Haiku-Erlebens im Hier und Jetzt. Ähnliches trifft zu für den Text von Katja Hoffmann (S. 105):

Ein loses Kabel.
Am lichtlosen Tag wälzt sich drängend
der Gedankenstrom.

mit seiner überladenen Bildlichkeit. Außerdem sind Eigenschaftswörter, hier gleich drei, grundsätzlich wegen der Gefahr einer persönlichen Wertung zu hinterfragen. Erst recht sind Empfehlungen fehl am Platze, wie die von Petra-Marlene Gölz (S. 62):

Üb' Seelenruhe
sei Schwester deines Atems
lass Gedanken zieh'n.

Ebenso werden Personifizierungen einem Haiku nicht gerecht: „müder See" von Kornelia Wulf (S. 78), „verliebte Wellen" (S. 121) und „eitler Mond" von Andreas Müller (S. 125). Am ehesten vermeidbar sollten wohl grammatische Verrenkungen sein, in der Regel nur entstanden, um dem 5-7-5-Silbenschema Genüge zu tun. Hierzu ein Beispiel von Ingo Cesaro (S. 104) selbst:

Einen Grashalm hoch
schleppt Raupe gespiegelte
Welt – im Tautropfen.

Ansonsten eigentlich eine sehr feine, haikuhafte Beobachtung, fiele da nicht noch ein anderes, tiefgreifenderes Makel ins Gewicht. Der Autor selbst stellt gerne seine überaus zahlreichen Veröffentlichungen seit über 40 Jahren gerade auf dem Gebiet des Haiku/Senryû heraus. Also kennt er mit Sicherheit auch die klassischen, japanischen Vorbilder, also von Yosa Buson

Kurz die Sommernacht.
Auf dem Rücken der Raupe
Glanzperlen aus Tau.

sowie von Kobayashi Issa

Diese Tautropfenwelt
mag ein Tautropfen sein
und dennoch …

So ergibt sich nun das, was man ein Gschmäckle nennt.

Leider lässt sich aufs Ganze gesehen weder ein Konzept hinsichtlich einer Unterscheidung zwischen einem Haiku und Senryû erkennen noch eine klarere Vorstellung von dem, was ein Tanka ausmacht, Defizite, die von herausgeberischer Seite hätten kanalisiert werden müssen. Oder wollte man sich in seiner Begeisterung einfach überraschen lassen? Und dennoch … wohltuend zu sehen, wie auch immer das Haiku nicht nur zunehmend an Bekanntheit gewinnt, sondern auch zur eigenen Beschäftigung mit diesem japanischen Kleinod anregt. Allerdings sollte dabei auf keinen Fall die Ernsthaftigkeit zu kurz kommen!

Claudia Brefeld

Der Duft von Heu

Der Duft von Heu – Profumo di fieno von Gérard Krebs. 25 Haiku. Alla chiara fonte editore, Lugano. 2017. 31 Seiten.

Der Duft von Heu entfaltete sich, als ich den Briefumschlag öffnete. Wie schön!

Ein schlichtes Büchlein mit einer Schwarzweiß-Fotografie als Titelbild – eine dezente Gestaltung und gerade deswegen sehr ansprechend.

Gérard Krebs, in Bern aufgewachsen, inzwischen in Helsinki lebend, lässt bei diesem Werk auch ein wenig seine Wurzeln durchschimmern. Es gibt heute ungezählte interessante Haiku-Publikationen, aber Publikationen von Texten in deutscher und italienischer Sprache sind dabei doch eher eine Ausnahme. Während eines Treffens einiger Schweizer Poeten trug Krebs seine Haiku einem italienisch-schweizerischen Publikum vor – der Erfolg ermutigte Krebs „Der Duft von Heu" zweisprachig zu veröffentlichen. Den Leser freut diese Entscheidung!

In ihrer lockeren Anordnung führen einige der Haiku unterschwellig durch die vier Jahreszeiten – in die überwiegend jahreszeitenunabhängige Haiku eingestreut sind. Diese erfahren dann manchmal – zufällig (?) – durch den Nachhall des vorherigen Haiku eine besondere, veränderte Intensität, wie folgendes Beispiel zeigt:

dichter Nebel
nichts als die Flügelschläge
eines Singschwans

Befund hoffnungslos
ich lausche
ihren Zukunftsplänen

fitta nebbia
solo il colpo d'ala
d'un cigno   (S. 23)

diagnosi disperata
ascolto i suoi
progetti futuri   (S. 24)

An anderer Stelle blitzt wiederum schon mal ein Wortspiel durch, dessen Leichtigkeit Krebs gekonnt einzubringen weiß.

Die Haiku, zwischen 2010 und 2017 geschrieben, spannen einen Bogen zwischen unterschiedlichen Orten in Europa – ein schöner europäischer Gedanke.

Und wie die Covergestaltung entstand?

Schnee auf Schnee
beim Erreichen des Dorfes
der Duft von Heu

neve su neve
arrivando al paese
profumo di fieno   (S. 27)

Welch anheimelnde Stimmung!

Es sind diese ruhigen Texte, die das Büchlein so besonders lesenswert machen.

Claudia Brefeld

Kermesboom

Kermesboom – Kirmesbaum von Rita Rosen. Haiku im Eifeler Dialekt. Übertragung ins Hochdeutsche. Engelsdorfer Verlag, Leipzig. 2017. ISBN 978-3-96008-988-9. 120 Seiten.

Mit „Kermesboom" legt Rita Rosen ihren zweiten Haiku-Band im Eifeler Dialekt vor, übertragen ins Hochdeutsche und mit Bildern von Curtius Schulten, einem bekannten Eifel-Maler (1893–1967).

Schwer zu beschreiben, was einen Dialekt so besonders auszeichnet. Aber mit Sicherheit ist es auch dieser Klang, der einer Mundart die so typische Prägung verleiht. Im Internet lese ich u. a.: Dialekt (von altgriechisch διαλέγεσθαι *dialégesthai* „mit jemandem reden"). Eine wirklich treffende Umschreibung!

Dialekt lebt daher im Besonderen durch das gesprochene Wort – aber auch im Geschriebenen kann man erahnen, was ein Dialekt vermittelt:

Jede Region liebt doch ihren Dialekt, denn er ist doch eigentlich das Element in welchem die Seele ihren Atem schöpft. (Johann Wolfgang von Goethe)

So geht der Leser zusammen mit der Autorin zurück in ihre Eifeler Heimat, begleitet sie zu den dörflichen Fest- und Feiertagen im Jahreslauf und hört ihr zu beim „bubbele" über alte Zeiten, streift mit ihr über „de Kermes" (Kirmes) schaut bei den unterschiedlichsten Festen rein und liest Erstaunliches:

Faasenaach	Fastnacht	
et Jesiech bemolt	das Gesicht bemalt	
klope de Pänz an de Düür	klopfen Kinder an die Tür	
en Kamell als Luen	ein Bonbon als Lohn	(S. 41)
Uestere	Ostern	
Uestersondaach – de	Ostersonntag – die	
Jlock es wier do üs Rom	Glocke zurück aus Rom	
hök klengt se jants häl	klingt ganz hell heute	(S. 47)
Alehelije	Allerheiligen	
de Veschtorvene	die Verstorbenen	
weade an dä Kerch jenant	in der Kirche laut benannt	
Wiirooch an de Luf	Weihrauch in der Luft	(S. 100)

Auch hier fangen die Haiku von Rita Rosen in ihrer Kürze die typischen Eigenschaften des Eifeler Platt ein: Schlichtheit und Eindeutigkeit.

„ … An passender Stelle eingestreut, finden sich schließlich im Buch eine Reihe wissenswerter Anmerkungen, Erläuterungen und historische Hinweise, auch Lied- und Spruchtexte ... " (Vorwort von Fritz Koenn).

Eine interessante Lektüre für alle Leser, die dem Eifeler Dialekt nahestehen oder Dialekte als Bereicherung erleben!

Haiga: Kerstin Hirsch

Berichte

Beate Wirth-Ortmann

Haiga-Ausstellung in Augsburg 17.1. – 23.2.2018

Ja, nun ist sie eröffnet, die Haiga-Ausstellung der Deutschen Haiku-Gesellschaft (DHG) in Augsburg.

In den Räumen der gutsortierten Stadtteilbücherei mit großem Anteil an Kinder-Medien in A.-Haunstetten können sich die Besucher nun bis zum 23.02.2018 insgesamt 34 Haiga, in Sumi-e-Technik von Ion Codrescu gemalte Tuschzeichnungen, anschauen, die in Text und Bild von Mitgliedern der DHG verfasste Haiku darstellen.

Obwohl die sehr kompetente Büchereileiterin Petra Löw den Termin in der örtlichen Presse (vier Ankündigungen) bekanntmachen ließ und DHG-Mitglied Winfried Benkel Plakate und Handzettel verteilt hatte, litt der Eröffnungsabend unter dem Sturmtief „Friederike". Schneetreiben, Matsch und Wind hätten noch nicht einmal einen Hund vor die Tür gelockt. Dennoch ließ sich ein kleiner Kreis Interessierter nicht abhalten, bei einem Glas Prosecco den Erläuterungen von DHG-Vorstandsmitglied Klaus-Dieter Wirth zum Wie und Was eines Haiku und Haiga zu folgen.

Für einige bedeutete das Neuland, andere konnten im Nachgespräch ihre Kenntnisse austauschen und vertiefen.

Beschlossen wurde der gelungene Abend mit dem Vortrag von Jahreszeiten-Haiku.

Beate Wirth-Ortmann

Herbsttreffen im Wiesbaden-Bierstädter Salon

Regen, Spritzwasser, Nebelschwaden, Kälte, Straßenaufbrüche, Umleitungen: Kann der November ungemütlicher sein?

Wie zum Trotz kämpften die Glocken der ev. Kirche dagegen an, während im Haus gleich daneben, im Volksbildungswerk Bierstadt, der alten Robert-Koch-Schule, alte und neue Haiku-Freunde erwartungsvoll dem Tag entgegenblickten, gewappnet mit neuen Haiku und vielen grundsätzlichen Fragen.

Im Schnellverfahren wiederholte Klaus-Dieter Wirth mit Blick auf die Neulinge den Stichwortkatalog vom Frühjahrstreffen, nachzulesen im SG Nr. 117, S. 81–82. Dazu ergänzte er aufgrund von Nachfragen folgende Begriffe:

kigo   das sog. Jahreszeitenwort bzw. – moderner interpretiert – Schlüsselwort, das letztlich zur angestrebten textlichen Kürze beiträgt.

kireji   das Schneidewort, welches in den westlichen Sprachen nicht existiert, kann in Doppelfunktion auftreten: einmal durch Satzzeichen, wie Doppelpunkt, Gedankenstrich oder Auslassungspunkte, zum anderen als sog. Seufzer-Wort: Ausdruck des Erstaunens, der Emotion, ausgedrückt durch Empfindungswörter wie etwa ach, oh, hei.
Entscheidend ist die Funktion des Einschnitts, der auch schon durch den Zeilensprung selbst zustande kommt.

heichi   das Nebeneinanderstellen zweier Bildeinheiten als Folge des *kireji*. Daraus ergibt sich die Asymmetrie (*fukinsei*) zwischen formaler Dreiteilung und inhaltlicher Zweiteilung.

ma	Durch das Nebeneinanderstellen zweier Bilder entsteht Leere oder Nichtgesagtes. Die Leere darf nicht zu groß sein; Der Funke muss also noch überspringen können, um den Assoziationsgedanken beim Leser zu wecken.
kokoro	Herz, Gemüt des Schreibers. Es soll nur durchscheinen, nie direkt benannt werden.
wabi-sabi	Konzept als ästhetische Vorschrift: Wahrnehmung der einfachen, beschaulichen Schönheit, verborgen im Unscheinbaren, was zugleich einen Gefühlsausdruck der Einsamkeit birgt.
yoin	Nachhall: im Leser als Denkanstoß erzeugt.
yugen	das Geheimnisvolle, Rätselhafte: bewirkt einen Überraschungseffekt, etwas, das über den Haiku-Moment hinausgeht.

Am Nachmittag, der viel zu schnell kam und auch viel zu schnell verging, lasen die Teilnehmer ihre Haiku vor, die dazu an die Tafel geschrieben wurden. Der für alle dann lesbare Text wurde gemeinsam analysiert, interpretiert, gegebenenfalls verbessert und anhand dessen viele der vormittäglichen Begriffe verdeutlicht wurden.

Es wurde einstimmig resümiert, dass diese Art des Treffens sehr fruchtbar sei und unbedingt Fortsetzungen haben müsse.

Ruth-Karoline Mieger wird daher den Raum wieder vormerken lassen für den **8. April 2018, 10.00 Uhr bis 16.00 Uhr in der alten Robert-Koch-Schule, Hofstr. in 65191 Wiesbaden-Bierstadt.**

Mitteilungen

Neuveröffentlichungen

1. Brigitte ten Brink und Gabriele Hartmann: Knoten im Kopf. Doppel-Rengay, Tan-Renga und Tan-Renga-Haiga, 16 x 16,5 cm, 64 Seiten. Verlag edition federleicht, Frankfurt am Main. 2018.
   ISBN 978-3-946112-10-5.
   Zu beziehen im Buchhandel oder im Verlag www.edition-federleicht.de oder bei den Autorinnen: Brigitte ten Brink: brigitte.tenbrink@gmx.de und Gabriele Hartmann: info@bon-say.de

2. Gabriele Hartmann: gefurchte Erde. Haiku aus 2017, Teil 1. A6 quer, Ringbindung, 112 Seiten. bon-say-verlag, 2018.
   Zu beziehen unter: info@bon-say.de

3. Gabriele Hartmann: beim dritten Klang. Haiku aus 2017, Teil 2, A6 quer, Ringbindung, 112 Seiten. bon-say-verlag, 2018.
   Zu beziehen unter: info@bon-say.de

4. Gabriele Hartmann: wilde Vögel. Haibun. 92 Seiten, Taschenbuch. bon-say-verlag, 2018.
   Zu beziehen unter: info@bon-say.de

5. Terézia Zsuzsanna Darabos: STEINE UND GRÄSER. 54 Haiku. BoD, Norderstedt, 2017. 31 Seiten.
   Zu beziehen unter: susanna.darabos@kabelmail.de

Sonstiges

1. „Haiga im Focus" (Claudia Brefeld)
Seit dem 22.11.2017 ist „Haiga im Focus" im Netz:
http://claudiabrefeld.de/Haiga-im-Focus.htm

Meine Begeisterung für das Haiga und die Überlegung, dem Haiga im deutschsprachigen Raum eine eigene Web-Site zu bieten, hat konkrete Formen angenommen! Hierfür suche ich experimentelle, innovative und traditionelle Werke. Angedacht sind monatliche Haiga-Auswahlen und immer mal wieder Artikel und Infos, die dann auch später im Archiv jederzeit nachzulesen sind. Die erste Ausgabe von „Haiga im Focus" ist seit 15.12.2017 online.

Teilnahmebedingungen: Jeder Autor kann bis zwei Haiga in deutscher Sprache (auch Mundart) einsenden. Haiga in englischer Sprache sind ebenfalls willkommen, dann aber bitte eine deutsche Übersetzung des Haiku mitliefern. Keine Simultaneinsendungen! Gerne können auch Fachartikel, Essays, Interviews eingereicht werden.

Die Haiga bitte als jpg-Dateien in ausreichender Größe, nach Möglichkeit um die 500 kB bzw. mit einer Seitenlänge nicht über 1.000 Pixel. Texte jeglicher Art nicht als Dateianhänge, aus Sicherheitsgründen werden sie nicht geöffnet!

Beiträge an: claudia.brefeld@rub.de oder
Claudia Brefeld, Auf dem Backenberg 17, 44801 Bochum

2. Frühlingswind – Haiku-Workshop in Wiesbaden (Ruth Karoline Mieger)

Unter Leitung von Klaus-Dieter Wirth findet am 08. April 2018 von 10 bis 16 Uhr ein weiterer Haiku-Workshop statt. Aufgrund der positiven Erfahrungen im letzten Workshop lade ich heute ausdrücklich sowohl Anfänger als auch Fortgeschrittene ein.

Wir treffen uns im Gebäude der ehemaligen Robert-Koch-Schule (Geschäftsstelle vbw-Bierstadt), Hofstr. 2, in Wiesbaden-Bierstadt.

Am 8. April werden wir ausschließlich selbst verfasste Haiku besprechen.

Anmeldung: Ruth Karoline Mieger, Am Speiergarten 6, 65191 Wiesbaden

Tel. 0611/609 28 92, E-Mail: rkmieger@gmx.de

3. Im Dialog – Haiga-Workshop (Claudia Brefeld)

Die Entstehung und Entwicklung des Haiga, eine Komposition aus Bild und Haiku in einem, begann etwa ab dem 17. Jahrhundert in Japan und es waren Haiku-Dichter, wie Matsuo Bashô, die dem Haiga seine besonderen Merkmale gaben. Dichtung und Bild müssen nicht vom gleichen Künstler geschaffen werden, wichtig ist jedoch, dass die jeweiligen Werke miteinander in Dialog treten, das Bild spiegelt also nicht nur das Haiku wider – und umgekehrt, vielmehr entsteht durch ihr Zusammenspiel eine neue Aussagekraft.

An dieser Stelle möchte ich im Haiga-Workshop ansetzen. Weiterentwicklung und Ergänzung eines Bildes durch ein Haiku – und das sich daraus ergebende Spannungsgefüge – im spielerischen Probieren und mit der Freude am Experimentieren.

Wenn möglich, bitte ausgedruckte Fotos, Collagen oder Bilder in ausreichender Größe (Din A 5 oder DIN A 4) mitbringen, gerne auch eigene Haiku.

Treffpunkt: im Gebäude der ehemaligen Robert-Koch-Schule, Hofstr. 2, 65191 Wiesbaden-Bierstadt. (Raum gegenüber der Geschäftsstelle des vbw-Bierstadt)

Termin: 6. Mai, 10.00 bis 16.00 Uhr

Anmeldung: Ruth Karoline Mieger, Am Speiergarten 6, 65191 Wiesbaden

Tel. 0611/609 28 92, E-Mail: rkmieger@gmx.de

4. Haiku to go – eine lyrische Begegnung im öffentlichen Raum (Ellen Althaus-Rojas)

Ein Programmpunkt der Internationalen Wochen gegen Rassismus. Studierende des Internationalen Studienzentrums der Universität Heidelberg tragen das kürzeste Gedicht der Welt – das japanische Haiku – in den öffentlichen Raum. Auf Straßen und Plätzen, in Bussen und Bahnen, unterwegs in Heidelberg können sich Menschen auf Wunsch ein klassisches oder zeitgenössisches Haiku rezitieren lassen. Inspiriert von diesen Zufallsbegegnungen sollen poetische Momentaufnahmen aus dem Alltag unserer Stadt entstehen und seine Vielfalt widerspiegeln. Die Ergebnisse dieses literarischen Experiments werden im Rahmen einer mehrsprachigen Lyrik-Performance von internationalen Studierenden im Kolleg für deutsche Sprache und Kultur der Universität (Max-Weber-Haus) präsentiert.

Veranstaltungsort/Datum: Kolleg für deutsche Sprache und Kultur der Universität Heidelberg (Max-Weber-Haus), Ziegelhäuser Landstraße 17, 69120 Heidelberg
14.03.2018, 18:30 Uhr
Art der Veranstaltung: Literarische Performance
Institution: Internationales Studienzentrum der Universität Heidelberg
Ansprechpartnerin: Ellen Althaus Rojas,
althaus@isz.uni-heidelberg.de

5. Kalender – Haiku Kreis Wiesbaden (Rita Rosen)

Auch für das Jahr 2018 hat der Haiku-Kreis einen Kalender erstellt. Haiku sowie Fotos und Bilder der Haijin für die einzelnen Monate werden präsentiert. So entstand eine ausdrucksstarke und abwechslungsreiche Sammlung.
Der Kalender ist zu beziehen bei:
Rita Rosen/Kleiststraße 11/65187 Wiesbaden

6. Haiku-Wettbewerb für den Haiku-Kalender 2019
(Stefan Wolfschütz)

Im Rahmen eines Wettbewerbs werden wieder Haiku gesucht, die zur Veröffentlichung im kommenden Haiku-Kalender 2019 bestimmt sind. Dazu bitten wir um Einsendung von bisher unveröffentlichten Haiku. Die Auswahl der Haiku-Kalender liegt in der Verantwortung des Herausgebers Stefan Wolfschütz. Einsendeschluss ist der 17. Juni 2018. Da die ausgewählten Haiku in einem Kalendarium abgedruckt werden, suchen wir Haiku, die zu den jeweiligen Jahreszeiten passen. Die Haiku sollen erkennbare Bezüge zu Klima, Natur oder den Festtagen innerhalb der Jahreszeiten beinhalten. Hinsichtlich der Form gibt es keinerlei Vorgaben.
Erstmalig erschien im letzten Jahr eine englische Übersetzung, die den

Weg zu vielen Haiku-Freundinnen und Freunden im Ausland gefunden hat. Auch dieses Jahr wird wieder eine solche internationale Ausgabe entstehen.

Einreichungen über ein Online-Formular: www.haiku24.de/2019 oder per Post: Stefan Wolfschütz, PSF. 202548, 20249 Hamburg.

7. **Lotosblüte 2018** (ÖHG)

Einsendung der Texte für die LOTOSBLÜTE 2018 vom 1. Juni bis 31. Juli 2018

Nicht-Mitglieder: maximal insgesamt fünf Texte. Es können Haiku, Senryû, Tanka, Haiga und Haibun eingesendet werden. Haiga bitte mit Originalfoto (ohne Text).

Themen: Masken, Wohnen, Horizonte – es sind auch andere Themen möglich.

Einsendungen mit Namen, Postanschrift, Telelefonnummer, E-Mail-Adresse und Kurzbiografie mit maximal 200 Zeichen.

Per **E-Mail**: oesterr-haikuges@gmx.at, Betreff: LOTOSBLÜTE oder **per Post**: Petra Sela ÖHG, Kennwort: LOTOSBLÜTE, Kerschbaumgasse 1/4/4002, 1100 Wien, Österreich

Veröffentlicht werden von einer Jury ausgewählte Texte. Alle Autorinnen/Autoren, deren Texte in der Lotosblüte 2018 abgedruckt sind, erhalten 1 Belegexemplar gratis.

Haiku-, Tanka- und Haiga-Mentoring

Für das **Haiku-Mentoring** stellen sich zur Verfügung:

Claudia Brefeld   claudia.brefeld@ dhg-vorstand.de
Brigitte ten Brink brigitte.tenbrink@gmx.de

Für das **Tanka-Mentoring** stellt sich zur Verfügung:

Tony Böhle   tonyboehle@web.de

Für das **Haiga-Mentoring** stellt sich zur Verfügung:

Claudia Brefeld   claudia.brefeld@ dhg-vorstand.de

(Falls Postadressen gewünscht, bitte beim DHG-Vorstand anfragen.)

Wir möchten alle DHG-Mitglieder ermuntern, diese Möglichkeiten des Austausches zu nutzen, und nehmen gerne zukünftig weitere Namen in diese Listen auf, die wir – aktualisiert – in jedem SG vorstellen werden.

Errata
SOMMERGRAS Nr. 118

Betrifft: Mitgliederseite S. 40
Das Haiku von Ingrid Töbermann lautet richtig:

> vor der Nachtruhe
> letzter Blick in den Himmel
> schmunzelt der Mond?

SOMMERGRAS Nr. 119

Betrifft: Haiku-Auswahl (S. 36) und Tanka-Auswahl (S. 43)
Jeweils korrekter Autorenname:

> Kykladenwind
> Der Vollmond treibt langsam
> an den Strand
> > **Hans-Jürgen Göhrung**

> nach dem Regen
> die spiegelnden Gesichter
> des Weges –
> manchmal Lachen
> unter buntem Laub
> > **Angelica Seithe**

Auf der Mitgliederseite (S. 45) vergaßen wir folgende Texte zu veröffentlichen. Wir bitten um Entschuldigung.

Am Horizont
ein einsames Segel
Saisonende

Wolfgang Gründer

Vier weiße Pilze
neben dem Holzgeländer
im Kellergeschoss.
Überall Salzgefäße
nach dem großen Regenguss.

Christa Wächtler

Covergestaltung
Das Cover dieser Ausgabe wurde von Claudia Brefeld gestaltet

Im münsterländischen Gronau (NRW) 1956 geboren und dort grenzüberschreitend aufgewachsen, zog es sie, berufsbedingt, ins Ruhrgebiet nach Bochum, wo sie heute mit ihrer Familie lebt. Innerlich blieb sie weiterhin mit ihrer Heimat verwurzelt und liebt bis heute das Münsterländer Platt, das sie teilweise durch ihre Kindheit begleitet hat.

Der Biologie besonders verbunden, arbeitet sie bis heute als biologisch-technische Assistentin – zurzeit im Bereich Biodiversität und Klimaerwärmung.

Sie ist Gründungsmitglied des Deutschen Aphorismus-Archivs (DAphA) und Vorstandsmitglied der Deutschen Haiku-Gesellschaft.

Inzwischen ist neben Block und Bleistift auch die Kamera ihr ständiger Begleiter geworden – und so haben sich Aphorismus, Haiku und Fotografie als feste Bestandteile in ihren Alltag eingefunden – an dessen obersten Stellen momentan die Industrie-Fotografie und das Haiga stehen.

Impressum

Vierteljahresschrift der Deutschen Haiku-Gesellschaft
30. Jahrgang – März 2018 – Nummer 120

Herausgeber:	Vorstand der DHG Tel.: 040/460 95 479 E-Mail: info@deutschehaikugesellschaft.de
Redaktion:	Claudia Brefeld, Eleonore Nickolay
Titelillustration:	Claudia Brefeld
Satz und Layout:	Martina Sylvia Khamphasith

Freie Mitarbeit erwünscht. Ihre Beiträge schicken Sie bitte per

E-Mail an:	Claudia Brefeld, Eleonore Nickolay redaktion@deutschehaikugesellschaft.de
Post an:	Petra Klingl, Wandsdorfer Steig 17, 13587 Berlin

Die Meinung unserer Autoren muss sich nicht immer mit der Meinung der Redaktion decken. Die Beiträge werden von uns sorgfältig geprüft, für die Richtigkeit, Vollständigkeit und Aktualität der Inhalte können wir jedoch keine Gewähr übernehmen.
In der Zeitschrift SOMMERGRAS wird die männliche Form stets generisch gebraucht und bezieht folglich die weibliche Form mit ein.

Einsendeschluss
für die Haiku- und Tanka-Auswahl: 15.04.2018
Redaktionsschluss: 25.04.2018

Jahresabonnement Inland (inkl. Porto) 45 €
Jahresabonnement Ausland (inkl. Porto) 55 €
Einzelheftbezug Inland (inkl. Porto) 12 €
Einzelheftbezug Ausland (inkl. Porto) 14,50 €
Auslandsversand nur auf dem Land-/Seeweg.

Der Mitgliedsbeitrag beträgt 45 € im Jahr und beinhaltet die Lieferung der Zeitschrift (Inland inkl. Porto, Ausland + 10 € Porto).
Die finanzielle Unterstützung der DHG quittieren wir mit Spendenbescheinigungen.